아이가 공부에 빠져드는 순간

아이가 공부에
빠져드는 순간

유정임 지음

midnight bookstore

마흔이 넘어 딸을 낳은 친구에게 전화가 왔다.

"아내가 된 건 가끔 잘했다 싶기도 하고 후회가 되기도 하는데, 엄마가 된 건 정말 잘한 일 같아. 5살 된 딸아이랑 매일 아침 싸우는데 이 옷은 안 되고 저 옷은 되고 억지를 부리면 갑자기 짜증이 나! 별것도 아닌 일로 싸우다 보면 내가 이것밖에 안 되는 인간이었나 싶을 때가 있어서 웃음이 난다니까. 밖에 나가면 나도 꽤 괜찮은 사람으로 인정받는데 아이랑 싸울 때는 도무지 답이 없어. 엄마의 자존심을 막 뭉개는 아이 때문에 화가 솟구치다가도 내가 뭘 하고 있나 헛웃음이 나기도 해. 인내심을 한없이 시험하는 녀석이랑 다투다가 '나'란 사람을 다시 보게 된다니까.

엄마가 되니까 '내려놓는 것'이 무엇인지 매일 알게 돼. 마음대로 할 수 없는 자식이란 존재가 나를 밑바닥까지 끌어내리기도 하고 한없이 올라가게도 해. 깔깔 웃다가 펑펑 울다가…… 이거 뭐지? 인생을 새로 배우는 마음! 엄마가 된다는 건 정말 대단한 일이야."

나 역시 엄마가 되고 난 후 세상을 다른 프레임으로 보게 되었다. 아이를 낳기 전에 나는 아이를 별로 좋아하지 않았다. 반대로 남편이 될 남자는 얼마나 아이를 좋아하는지, 자동차를 타고 달리다가 옆 차선에 서 있는 차에서 어린아이라도 발견하면 운전대를 놓고 돌아보느라 넋이 빠져 있었다. 그런 남자에게 타박을 퍼부을 때마다 남편이 될 남자는 내가 아이를 낳아도 예뻐하지 않으면 어쩌나 걱정이 됐다고 한다.

그러나 그것이 얼마나 부질없는 걱정이었는지 우리는 첫아이를 만나며 알게 되었다. 아이를 사랑하는 건 내 마음으로 조정할 수 있는 일이 아니라 본능이었다. 둘째 아이를 임신한 뒤 또 다른 걱정이 밀려왔다. 첫째 아이가 너무 예뻐서 둘째 아이가 덜 예쁘면 어쩌나 걱정에 빠져들었다. 그러나 그것 또한 얼마나 쓸데없는 기우였는지 우리는 둘째 아이를 만나면서 깨닫게 되었다. 설명 불가능한 사랑은 '부모의 본능'이었다.

아이를 키우며 남편과 나는 진짜 어른이 되어 갔다. 마음대로 풀리지 않는 일을 아이와 타협하며 되돌아보게 되었고, 제 의견을 주장하는 아이와 토론하며 인내하게 되었다. 이 존재들은 무엇인가?

다 큰 우리를 무장 해제시키며 무기력하게 만드는 이 존재들의 진짜 실체는 무엇인가? 감히 말로는 범접할 수 없는 이 존재들의 신비한 마력은 우리를 '부모'라는 이름으로 철들게 하고, 가슴 아프게 울게 하고, 유쾌하고 해맑게 웃게 했다.

아이들이 6, 7살이 되었던 때 두 녀석 돌보는 일도 만만치 않은데 직장일과 집안일로 몸살이 났다. 아침에 일어나지도 못하고 끙끙 앓고 있는데 두 녀석이 다가왔다. 한 녀석은 내 이마를 호호 불고 한 녀석은 나를 잡아끌었다. 억지로 끌려 나가 보니 식탁이었다. 제멋대로 놓인 숟가락과 젓가락 사이로 냉장고에서 갓 나온 차가운 김치 쪼가리와 밥 한 그릇이 놓여 있었다.

"우리가 차렸어요."

고사리 같은 손으로 떠주는 밥을 한 숟가락 넘기며 울컥 눈물이 넘어왔다. 나를 살리는 이 존재들의 사랑 앞에서 눈물로 곱씹었던 밥을 아직도 잊을 수 없다.

'엄마의 하루'를 사는 일은 이렇게 뒤죽박죽이었다. 어느 날은 감동이다가 어느 날은 초조함이 몰려왔다. 아이들에게 생기는 불편한 일들이 혹여 내 탓은 아닐까 심장이 뛰었다.

지나고 보니 어떤 일은 도리어 겪어서 천만다행이었다. 몰라서 두려웠을 뿐 오히려 그 불안함이 아이를 더 깊이 들여다보게 만든 고마운 기회들이었다. 그래서 다시 펜을 들었다. 지나고 나니 보이는 일들을 엄마들과 함께 나누고 싶었다. 부모로서의 고단함이 오히려 보람으로 바뀔 수 있으리라는 희망으로 말이다.

아이들의 공부법을 실전적인 팁으로 풀어내는 일은 쉽지 않았다. 아이들은 모두 다르기 때문이다. 그 능력이 일찍 발휘되기도 하지만 뒤늦게 발휘되는 아이들도 많기 때문에 일부 사례로 아이의 능력을 결코 재단할 수는 없었다. 그러니 그저 참고로 읽어주기를 바랄 뿐이다. 아이들 개개인의 무궁한 능력 앞에 모든 엄마는 기적을 만드는 마술사가 될 수 있다. 단 몇 가지 유념해 챙긴다면 아이들이 가진 최고의 능력을 꺼낼 수 있도록 도울 수 있다.

〈1장 의외로 놓치기 쉬운 아이의 가능성 키우기〉에서는 아이의 가능성을 제대로 파악하고 충분히 키워줄 수 있는 방법을 담아냈다. 모든 태도의 기초야말로 엄마가 만들어줄 수 있는 유일한 일들이다.

〈2장 의욕을 샘솟게 하는 초긍정 공부 자극법〉에서는 학습 습관과 태도를 길러주는 구체적인 사례들을 기록했다. 각자 아이들의 특성에 따라 얼마든지 다양한 방법으로 활용할 수 있을 것이다.

〈3장 평생 가는 공부 체력의 비밀〉에서는 부모가 만든 환경 속에서 어떻게 학습 능력을 최대치로 이끌어 낼 수 있는지에 대해 구체적인 사례들을 담아 엮었다.

〈4장 어떻게 소통하면 아이가 행복할까?〉에서는 아이를 키울 때 가장 소중하고 필요한 소통에 대해 이야기했다. 개인적으로 가장 실천하려고 노력한 부분들이다.

　〈5장 아이의 인생에서 성적보다 중요한 것〉에서는 모든 부모가 반드시 가져야 하는 소중한 철학에 대해 이야기했다. 무엇보다 부모의 생각이 자리 잡아야 아이를 제대로 도와줄 수 있다. 눈여겨보기 바란다.

　책 속의 모든 이야기가 정답이라면 좋겠지만 결코 그렇지 않다. 솔직히 나의 아이들은 다 자라지 않았고 자신들의 가능성 안에서 스스로 성장하고 있는 중이니 세상 앞에 아이들의 이야기로 책을 내놓는 일은 염려스럽고 두려운 일이다. 무엇이 옳고 그르며 무엇이 좋은지 아닌지를 섣불리 말할 수 없기 때문이다.

　그러나 한편으론 아이를 키우며 내가 느꼈던 두려움과 즐거움이 이제 그 길을 걷고 있는 또 다른 엄마들에게 작게나마 일말의 위로가 될 수 있을지도 모른다는 마음으로 다시 용기를 냈다. 좋은 학교, 좋은 성적이 최선은 아니지만 아이가 가진 모든 것이 최상이기를 바라는 부모의 마음은 죄가 아니다. 나보다 더 나은 삶을 누리기를 바라는 것도 탐욕은 아니다. 그건 우리의 설레는 '희망' 아닌가. 그 희망이 모두의 현실이 되기를 바라며 나의 작은 경험들을 겁 없이 풀어내본다.

유정임

차례

2장

의욕을 샘솟게 하는 초긍정 공부 자극법

3장

평생 가는 공부 체력의 비밀

1장

의외로 놓치기 쉬운
아이의 가능성 키우기

스킨십으로 키워주는
영재성

3명의 자녀들을 모두 명문대에 보내 화제가 되었던 한 엄마는 성공 비결을 이렇게 말했다.

"온 가족이 함께 있을 때면 신체의 어느 부분이라도 맞닿아 있었어요. 발이 포개지든 손이 맞닿든 보이지 않는 스킨십이 늘 있었죠."

스킨십이 아이들을 명문대에 보낸 비결이라고? 의아했던 그 대답을 아이를 키우면서 100% 이해하게 되었다. 안아주고 쓰다듬고 도닥여주는 이 사소한 행동 하나가 부모와 아이의 관계에 또 아이들의 자신감에 기적을 만든다.

스물이 넘은 두 아이는 지금도 집에 오면 우리와 끌어안는 일을 먼저 한다. 형제끼리도 꼭 안으면서 인사를 나눈다. 우리 가족은 스킨십을 매우 좋아한다. 둘째 아이는 틈만 나면 제 아빠 무릎이나 제 형 무릎을 노려서 다 큰 녀석이 어리광이라는 야단을 듣지만 남편은 몸으로 파고드는 녀석이 밉지 않다고 한다. 성장한 아이들이 부모와의 접촉을 꺼리는 경우가 많은데 스킨십도 일상이 되지 않으면 쑥스러워진다. 아이들과 사랑한다는 말을 주고받지 못하는 것 역시 자주 하지 않아 어색하기 때문이다.

공부를 잘하는 아이들의 특징을 보면 부모와 자녀의 관계에서 소통이 잘되는 경우가 많다. 학습의 결과는 상호 신뢰가 만들어내는 결과물이다. 불안하고 초조할 때 부모가 주는 믿음은 당장 만족할 결과가 아니어도 결국 좋은 결과를 가져온다. 백 번의 말보다 그저 한 번의 포옹이 아이들에게는 커다란 위안이 되니 말이다.

아빠들의 육아를 위한 특집방송을 만들면서 소아정신과 전문의와 미팅을 했다. 역시 안정적인 애착관계 형성을 위한 스킨십을 강조했다. 무엇보다 가족으로부터 사랑받고 있다는 것을 느낄 때 매사 자신감 넘치는 긍정의 의지가 키워진다는 것이다.

영아기의 두뇌 발달에 스킨십의 효과가 크다는 것은 누구나 잘 알고 있다. 피부는 제2의 뇌라고 부를 만큼 뇌와 가깝다. 전문가들의 말에 의하면 피부와 뇌는 외배엽에서 발달된 것이라 출발이 같다고 한다. 아이가 걷기 시작하는 돌 무렵까지는 무조건 안아주고 보듬어주는 스킨십만으로도 최상의 교육을 할 수 있다.

그러나 스킨십에도 정성이 필요하다. 딸랑이를 무심하게 흔들어주는 것이 아니라, 눈을 맞추고 손을 잡고 진심을 다해 흔들어주는 것이 진정한 교감인 것이다. 젖은 기저귀만 갈아주는 것이 아니라 쭉쭉이도 해주고 다리도 만져주고 그 작은 손발에 엄마의 얼굴을 비벼주는 스킨십에 진심이 더해지면 아이의 심리뿐 아니라 뇌 발달에도 좋은 영향을 준다.

촉감놀이를 중요하게 여긴 영재 엄마들을 취재할 기회가 있었다. 비싼 교구를 구매한 것도 아니었고, 주위에서 흔히 볼 수 있는 물건들을 이용해 아이와의 촉감놀이를 소중하게 즐겼다. 한 엄마는 사골 뼈를 고아 곰탕을 만든 뒤 깨끗하게 씻은 뼈를 아이의 손에 쥐어 주어 거칠거칠한 뼈의 질감을 느끼게 해주었다. 또 다른 영재의 엄마는 놀이터 모래를 퍼다가 큰 솥에 볶아 소독을 하고 아이의 촉감놀이 교구로 사용했다. 요즘은 놀이용 모래를 따로 팔지만, 당시 그 엄마의 정성은 놀랄 만했다.

뇌 성장이 급격하게 이루어지는 두 살 이전의 촉감놀이가 두뇌 발달에 미쳤을 영향은 새삼 말할 필요가 없다. 미국 에모리대학 연구진이 발표한 자료에 따르면 어린 시절 잦은 신체 접촉이 성장 과정에서 스트레스를 줄여주고, 대인관계에 원활한 아이로 키워준다고 한다. 자신감은 아이에게 안정감을 제공하고 인정받았다는 느낌을 갖게 한다. 이런 느낌은 학습의 영역에서도 탁월한 영재성을 꺼내주는 중요한 대목이다.

수학경시대회에 나간 첫째 아이에게서 시험문제가 너무 어려워서 많이 풀지 못했다는 전화가 왔다. 대회를 코앞에 두고도 나태하게 공부했던 모습이 떠올랐다. 예상은 하고 있었지만 탐탁치 못한 결과를 듣고는 속상한 마음에 선배에게 퇴근길에 전화를 했다.

"자식 교육은 부모가 자신부터 다스려야 하는 거야. 아이를 보면 나도 모르게 퍼붓게 되거든. 잘 돌봐주지 못한 미안함과 속상함이 뭉쳐져서 아이한테 독화살이 되더라고. 그러니까 아이한테 직격탄 날리지 말고, 차 안에서 음악 한 곡 듣고 커피 한잔 마셔. 그리고 딱 하나만 해. 아무 말도 하지 말고 그냥 한 번 꼭 안아줘. 두고 봐, 그게 특효약이야!"

선배 말대로 주차장에서 집에 들어가기 전에 30분간 여유를 가졌다. 현관문을 열고 들어서니 아이가 내 눈치를 보고 서 있다. 어렵게 다가온 아이를 그냥 꼭 안아주었다. 아이가 제 풀에 서러워 눈물을 쏟았다. 두려웠을 잔소리가 아니라 따뜻한 포옹이라니.

"다음에는 더 열심히 할 거예요. 죄송해요."

아이는 어깨까지 들썩이며 울었다. 무엇이 죄송하단 말인가? 덩달아 나도 미안해져 마음이 시큰했다.

강한 훈육보다 더 놀라운 스킨십의 효과를 체험할 기회를 만들자. 종종 마트나 길거리에서 아이를 윽박지르는 부모들이 있다.

"너 집에 가서 보자!"

"자꾸 그러면 놓고 간다."

아이는 공포를 느끼게 된다. 남들 보기 창피하니 원인보다 상황을 무마하고 싶은 마음이 더 급한 경우다. 충분히 이해하지만 그럴수록 윽박은 결코 문제 해결에 도움이 되지 않는다는 것을 명심하자. 힘들고 짜증이 나도 꼭 안아주고 다독이며 설득해보자. 부모도 사람이니 화가 나지만 내 마음을 먼저 다스리는 게 우선이다. 스킨십에도 명심해야 할 디테일한 요령이 있다.

먼저, 스킨십에 진심을 담자. 마음에도 없는 형식적인 터치가 아니라 진심으로 부모 마음이 느껴지도록 해야 한다. 또 어떤 의도가 있거나 이유가 있는 스킨십이어서는 안 된다.

"성적이 잘 나왔으니 쓰다듬어줘야지."

"심부름을 잘 했으니 안아줘야지."

평소에도 마음을 다해 안아주는 일, 그것이 일상이 되어야 아이와 진심이 통하고 그제야 서로가 제대로 보인다. 진정한 스킨십이 아이의 가능성을 키우는 시작이라는 것을 잊지 말자.

Point
의도된 스킨십은 잊어라.

깨알 기록장으로
순간을 놓치지 마라

스피노자Spinoza는 '모든 인간은 자신의 능력만큼 신을 만난다'고 했다. 신비롭고 새로운 것이 무궁무진한 세상, 알면 알수록 호기심거리가 흘러넘치는 이 세상 속에서 우리는 아이의 능력을 얼마나 알고 있을까? 아이의 능력을 제대로 파악하고 있을까? 아이의 능력을 제대로 찾아야만 실력을 쌓도록 도와줄 수 있다. 관심 없던 공부를 갑자기 잘하게 된 아이들에게 물어보면 백이면 백 이렇게 대답한다.

"저에게 그런 능력이 있는 줄 몰랐어요."

능력의 한계치를 미리 정해 놓으면 제대로 된 능력을 발휘할 수 없다. 능력도 믿는 만큼 키워지고, 키워진 능력만큼 성적도 나온다. 그렇다면 능력을 어떻게 파악하고 키울 것인가. 일단, 능력을 제대로 살펴야 하는데 인간의 기억은 한계가 있어서 지난주에 있었던 일조차 희미해질 때가 많다. 그래서 내 아이의 2살 봄, 5살 여름, 8살 겨울을 종종 과거의 사진이나 영상을 보며 기억을 되살리게 된다.

나는 휴대폰에 깨알 글씨로 기록을 남기기 시작했다. 아주 사소한 기록부터 아이와 주고받았던 대화들을 짧게라도 글로 남겼다. 아이의 성향이나 특징, 학교생활에서 있었던 일, 친구관계, 어떻게 이런 생각을 할 수 있을까 싶도록 깜찍했던 순간들, 엄마보다 더 철들었던 감동적인 대화들, 진로와 진학에 꼭 필요한 정보들을 한두 줄의 메모로 남기게 되었고 그 기록들은 아이의 숨겨진 능력을 파악하는 데 유용하게 쓸 수 있었다.

'아! 우리 아이가 이런 걸 잘했었지. 이것도 할 줄 알았었지.'

되돌아보게 되는 순간, 놓치고 간 능력들이 보인다. 능력을 키우는 일은 능력을 인식하는 일로부터 시작된다. 그래서 휴대폰 메모장에는 나만이 아는 암호 같은 기록들이 가득하다. 어느 때는 급하게 쓰느라 오타도 많다. 기록을 놓칠까봐 서둘러 적기 때문이다. 아이가 진로를 고민하거나 자신의 재능을 부정할 때는 메모를 뒤적이며 "너 이런 아이야, 이런 일도 있었고 이런 말도 했었어. 봐! 쓰여 있잖아!" 하고 환기시키며 자신감을 회복시켜 주었다.

둘째 아이가 항상 최고의 성적을 유지한 건 '질문을 부끄러워하지 않는 태도' 덕분이었다. 그런 걸 모르냐고 타박을 받아도 묻는 일을 절대 부끄러워하지 않았다. 알아가면 된다고 당당했다. 한번은 아이가 풀이 죽어 자신의 능력을 의심했을 때 메모장을 보여주며 응원해 주니 '나, 이런 아이였구나!' 하며 다시 자신감을 가질 수 있게 되었다.

깨알 기록들은 무엇보다 상급 학교에 진학하면서 아이가 스스로 장단점을 기술할 때나 자기소개서를 만들 때도 종종 유용한 글감이 되었다. 어떤 책들을 주로 읽었고, 무엇에 관계된 이야기에 흥분하며 호기심을 보였는지, 어떤 일에 적극적이었고, 무엇이 부족해 힘들어했는지, 친구관계에 개선할 점은 무엇이었는지 등을 살필 수 있어서 아이의 여러 면모를 탐색하는 데도 특별한 도움이 되었다.

휴대폰 메모장에 카테고리를 나눠서 기록하면 유용하다. 〈학습〉, 〈학교생활〉, 〈일상생활〉, 〈친구관계〉, 〈진로진학〉, 〈학원정보〉, 〈체험

활동〉 등 엄마만의 방법대로 정리하면 된다. 아이의 재능을 잊지 않도록 깨알 메모를 시작해보자. 기록은 아이의 무궁무진한 가능성을 보여준다.

Point

순간을 기록하면 아이의 숨겨진 재능을 발견할 수 있다.

아이의 기질과
엄마의 기질

"책상 좀 치워줄래?"

주방에서 설거지를 하느라 바쁜 엄마가 아이에게 큰 소리로 말한다.

"네! 엄마!"

블록 조립에 푹 빠진 아이 역시 우렁차게 대답한다. 하지만 30분 뒤에도 책상 위는 어질러진 그대로다. 엄마의 목소리가 올라간다.

"치우라고 했지?"

아이는 기어들어 가는 소리로 대답한다.

"이거 다하고 치우려고 했는데……."

책상 위를 치우라고 한 엄마의 주문에는 '지금 당장'이라는 엄마만의 시점이 담겨 있고, 블록을 조립하던 아이의 마음에는 조립을 끝낸 뒤 '바로' 하겠다는 아이만의 시점이 담겨 있다. 과연 누가 잘못한 것일까? 특강에서 만난 정신과 전문의에게 앞의 상황을 얘기하니 매우 인상적인 충고를 해준다. 누구의 잘못이 아니라 엄마와 아이의 다른 기질이 충돌한 흔한 갈등이라고 말이다.

스위스의 정신분석학자 칼 융Carl Jung의 심리이론에 근거했다는 MBTI 성격유형검사를 통해 나오는 성격은 16가지의 유형으로 나뉜다. 유형은 저마다 개성이 있어 다를 뿐이며, 원래 나쁜 성격이란 없다. 성격은 외부의 자극에 반응하는 본인만의 고유한 패턴이므로 쉽게 바뀌지 않는다. 이 패턴이 서로 다르다 보면 갈등이 생길 수밖에 없으니 서로의 패턴을 알고 이해하려는 노력이 중요하다. 물론 MBTI 검사가 절대적인 것은 아니다. 그러나 전체적인 성향 파악에는 도움이 되니 아이뿐 아니라 엄마의 성향을 미리 파악하고 있는 것도 좋다.

MBTI 성격유형 지표

외향형(E: Extroversion) / **내향형**(I: Introversion)

에너지를 어느 방향에서 얻느냐에 따른 기준. 외향형은 사람 사귀기를 좋아하고 활동적인 스타일로 자신의 에너지를 밖으로 내보내는 스타일을 말하고, 내향형은 에너지를 안으로 끌어들여서 깊은 사고를 한다거나 혼자 사색하는 등 내면 성찰에 무게를 둔다.

감각형(S: Sensing) / 직관형(N: Intuition)

상황을 어떻게 인식하느냐에 따라서 나누는 방식. 감각형은 흔히 현실주의자로 실제 경험을 중시하고, 직관형은 보다 이상주의자로 비약적인 사고도 가능하다.

사고형(T: Thinking) / 감정형(F: Feeling)

사안에 대한 판단 능력으로 나누는 성향. 사고형은 논리적이고 분석적이어서 어떤 사실에 대해 옳고 그른가의 이성적인 판단 결과를 중요하게 생각하지만, 감정형은 순간의 감정에 대해 공감하고 맞장구치며 즉흥적인 판단을 하기도 한다.

판단형(J: Judging) / 인식형(P: Perceiving)

일을 이행하는 방법, 생활 양식에 따른 구분. 판단형은 치밀한 계획을 세우고 움직이며 목적에 따라 행동하지만, 인식형은 인식되는 상황에 따라서 행동하거나 계획을 세우는 방식 등으로 일을 처리한다.

앞의 지표에 따른 사례를 보자. 상황에 맞게 빠르게 움직이는 인식형의 엄마에게는 '책상 위 좀 치우라'는 이야기가 지금 당장 하라는 실천적 의미겠지만, 계획을 세우고 실행에 옮기는 판단형의 아이는 엄마의 말을 기억했다가 하던 일을 마저 하고 치우겠다고 생각한다. 엄마의 '지금 당장'이 아이의 '하던 일 뒤에'가 되는 건 이러한 성향 차이다. 아이의 기질과 엄마의 기질이 다르니 일 처리 방식이 달랐던 것이다. 이러한 성향을 알면 이해가 쉽다.

또 다른 예를 보자. 외향형은 외부세계에 관심이 많고, 내향형은 내면세계에 관심이 많다. 내향형은 집에서 쉬면서 책을 보고 음악을 듣는 게 더 좋지만, 외향형은 일을 자꾸 만들어서라도 밖으로 나가 사람들을 만나고 싶어 한다.

엄마인 나는 전형적인 외향형이다. 집에서도 가만히 한곳에 앉아 있지를 못한다. 자꾸 어딘가로 연락해서 누군가와 만나며 관계를 만든다. 그런데 첫째 아이는 전형적인 내향형이다. 혼자서도 책을 보고 블록을 조립하며 놀거리를 잘 만들어낸다. 내게는 그런 첫째 아이가 이해되지 않지만 서로 다르니 이해하려 노력해야 한다. 아이의 성향을 모를 때는 나가서 아이들을 만나 공이라도 차고 오라고 하고 싶었지만, 기질을 이해하고 나면 혼자 책을 읽고 뭔가를 조립하는 내 아이에게 잔소리를 덜하게 되는 것이다.

코끼리로 예를 들어보자. 직관형의 사람들은 코끼리를 본 대로 떠올린다. 덩치가 크고 포유류의 육상동물로 떼를 이루며 산다는 사실을 인식하면서 말이다. 그러나 감정형이라면 조금 다르다. 어린 시절 아버지와 놀러 갔던 동물원에서 본 코끼리의 추억을 먼저 인식한다. 같은 사실을 인식하는 방식이 다른 것이다. 사실을 중시하는 직관형에게 감정형의 이야기는 지루하기만 할 것이다.

엄마와 딸이 있다. 엄마는 직관형이고 딸은 감정형이다. 사실을 중시하는 직관형의 엄마에게 감정형 딸이 오늘 숙제를 다 못한 이야기를 길게 하면 엄마는 짜증이 난다. 아이가 진심을 이야기하는데 엄마는 "너는 왜 그렇게 핑계가 많니?" 하고 사실을 비약시킨 뒤 야단을 칠 수도 있다. 딸은 진심을 오해하는 엄마 때문에 속상하다.

감정형의 엄마가 영화를 보고 온 직관형의 아들에게 "어땠어?"라고 묻는 것은 정서적이고 세세한 감상평을 기대한 것인데, 직관형의 아들은 "재미있었어요!"라고만 대답한다. 스토리는 어땠고 주인공은 어땠고 풍부한 이야기를 기대한 엄마 입장에서는 서운하다. 감정형의 엄마와 감정형의 아들이 만나면 시시콜콜한 이야기로 서로 행복할 수도 있지만, 다르면 시시콜콜한 감정이 서로를 지치게 하는 간섭이 되기도 한다. 감정형의 엄마가 세세하게 일러주면 직관형의 아이는 '아유, 나를 못 믿어서 또 간섭하네' 하며 짜증을 낼 수도 있는 것이다.

이처럼 기질은 모두 다르다. 상대의 기질을 파악하고 나면 그나마 이해하려고 노력하면서 사소한 갈등을 줄여나갈 수 있다. 전문가들 중에는 이 검사가 실제와 다를 수 있어 착각과 오류를 만든다고 비판하는 사람도 있다. 그러나 여러 논란 속에서도 성격유형검사의 대중적인 방법으로 이용하고 있는 걸 보면 맹신하거나 심각하게 받아들이지 않는 범위 내에서 기질 파악의 기초 자료 정도로는 의미가 있어 보인다.

나는 어떤 기질의 엄마인가? 우리 아이는 어떤 기질의 아이인가?

이해하고 나면 아이의 행동과 태도에 고개가 끄덕여지는 대목이 있을 것이다. 그 이해 안에서 몰랐던 아이의 가능성을 기적처럼 만날 수 있지 않을까? 먼저 내 아이의 기질을 파악해보자.

Point
아이의 기질을 알면 해법이 달라진다.

죽어도 읽기 싫어하는 책,
어떻게 잡게 할까?

어린 시절, 둘째 아이는 김치 먹는 걸 가장 싫어했다. 매번 씻어주는 것도 한계가 있었고, 유치원에 가서도 편식을 할까봐 매우 고민스러웠다. 설득하고 구슬려서 먹이는 것도 한두 번이지 지쳐갈 무렵 〈김치꽃만두〉라는 아동 뮤지컬을 보게 되었다.

김치만두를 먹은 주인공이 매우 힘이 세져서 햄버거나 고기만 먹은 상대를 무찌른다는 뻔하디 뻔한 내용이었는데 둘째 아이는 눈을 반짝이며 뮤지컬에 몰입했다. 다음 날부터 스스로 김치를 찾았다. 먹으라고 성화를 하지 않아도 스스로 챙겨 먹었다. 어설픈 강요나 억압이 아이의 가능성을 오히려 놓치게 할 수도 있음을 그때 깨달았다.

'공부하라'는 성화와 잔소리 때문에 책상에 앉아 억지로 펼쳐 든

책은 잠만 쏟아지게 한다. 그저 엄마를 위한 엄마 만족용이다. 죽어도 손에 잡기 싫은 책, 죽어도 하기 싫은 공부가 된 것은 어쩌면 책이나 공부보다 그 억압과 강요의 분위기가 더 싫어서는 아닐까? 평소 아이의 성향이나 습관을 잘 살피면서 일단은 책을 들게 하고 공부를 하게 만들 동기부터 찾는 것이 중요하다.

미국에 살던 어느 날, 도서관 한편에 동네 개들이 다 모였다. 작고 귀여운 강아지가 아니라 어른 덩치를 넘어서는 대형견들이었다. 주인들은 얌전히 개들을 앉혀 두었고, 옆에는 5~6세의 어린 친구들이 각자 동화책을 한 권씩 들고 와 열심히 책을 읽고 있었다. 진풍경이었다. 세상에 개에게 읽어주는 동화책이라니!

개는 내용을 이해한 듯 얌전히 앉아 있었고, 아이들은 책의 내용을 진지하게 들어주는 개들 덕분에 신이 나서 더 열심히 읽고 있다. 아이들이 책을 가까이하고 글 읽는 자신감을 키울 수 있도록 이웃들이 개를 데려와 봉사하던 그 장면은 지금도 눈에서 사라지지 않는다. '내가 읽는 책을 개들이 열심히 듣는다'는 설정만으로도 아이들에게 독서 자체를 즐겁게 할 동기가 되었던 것이다.

공부를 꾸준하게 하려면 일단 책과 친해지는 것도 중요한데, 책을 들고 싶은 동기부터 만들어주자. 먼저, 책을 드는 일이 즐거운 습관이 되려면 제대로 읽었는지 확인하거나 자꾸 지식이나 글자를 가르치려고 강요해서는 절대 안 된다. 읽고 나면 엄마가 물어본다거나, 읽는 시간을 정해준다거나, 읽어야만 원하는 걸 사준다거나, 읽고 나서 학원에 가야 한다거나 부담스러운 일과 책 읽는 일이 연결되면 결코 책 보는 일이 즐겁지 않다.

읽긴 읽었는데 내용을 좀 까먹으면 어떤가. 다시 읽으면 된다. 가벼운 마음으로 책을 잡게 하자. 만화가 잔뜩 그려져 있으면 어떤가. 긴 문장을 이해하고 보는 것이 아직 부담스럽다면 처음에는 글밥이 적은 책을 골라보도록 하자. 내용이 선정적이거나 폭력적이지 않다면 아이가 좋아하는 만화책도 적극 활용하자.

책이란 여유를 즐기는 장난감처럼 가까이 인식되어야 한다. 깔고 앉을 수도 있고 급할 때는 쟁반 대용으로 쓸 수도 있고 발에 채일 때는 발로 좀 차면 어떤가. 우리는 책을 훼손하는 일을 너무 두려워한 나머지 깨끗하게 꽂아 놓고 책상 위에 모셔두면서 책은 존귀한 존재라는 인식을 아이들에게 심어주고 있는지도 모른다. 기억하자! 책은 전시용이 아니라 손때 묻은 소비용이 되어야 한다.

평소 책을 집어 드는 습관을 위해 서점을 자주 찾았다. 공부할 책을 사러 가는 것이 아니라 소위 구미가 '당기는' 책을 아이들과 구경하러 가는 것이다. 좋아하는 내용이라면 만화책도 구애받지 않고 사주었다. 학습용 만화가 아닌 일반 만화책을 읽으며 아이들은 스트레스를 해소할 수 있었다.

스트레스를 풀면서 학습에도 도움이 되었던 만화책

1. 《보물찾기》 시리즈

많은 아이들이 흥미로워하는 세계탐험 만화역사상식 《보물찾기》 시리즈는 정말 좋아하는 학습 만화였다. 몇 번씩 되풀이해서 보고도 중고서점에 팔려고 하면 난리가 났다. 중고생이 되어서도 기숙사에서 집에 올 때마다 짬이 나면 보고 또 봤다. 2003년 출간되었다는 이 학습만화 시리즈가 1500만 부가 넘게 판매되었다고 하니 그 인기가 가늠된다.

2. 《Why》 시리즈

인체, 바다, 똥, 컴퓨터, 식물, 지구, 동물, 환경, 핵과 에너지, 공룡, 발명, 발견 등 과학의 세세한 분야를 유익하게 보여주는 과학 학습 만화책으로 이미 많은 아이들의 베스트셀러다. 화려한 사진과 문구가 눈길을 잡는다. 초등 시절 첫째 아이가 가장 좋아하는 책이었고, 중학생이 되면서 〈월간 Newton〉 잡지를 정기구독하는 것으로 대체되었다.

3. 《코난》 시리즈

학습과 상관없이 쉬는 시간을 함께한 만화책도 있다. 둘째 아이가 가장 많이 즐겨 읽었던 이 책은 전 시리즈를 구입하느라 부산 보수동의 헌책방 골목을 얼마나 돌았는지 모른다. 한 권 한 권 빠진 책을 채워 나가면서 몇 년에 걸쳐 전집을 모았는데, 전집을 다 모았을 때는 펄쩍펄쩍 뛰며 좋아했다.

애니메이션 감독이라는 꿈을 갖게 된 것도 즐겨 보던 만화책과 관련이 있다. 그저 재미있어서 본 만화책이었지만 이후로는 스스로 학습에서 결과를 낼 때마다 힐링용으로 만화책을 구입하기 시작했다. 볼 때와 보지 않을 때를 스스로 가려 시간 활용만 잘 하면 재미를 위한 만화책도 문제는 없다. 《코믹 메이플스토리》과 《마법천자문》 시리즈도 입체적이고 풍부한 색감의 그림이 시선을 끌며 아이에게 재미를 주었다.

많은 엄마들이 만화책이 득이 될지 해가 될지에 대해 많이 고민하는데 내용이 선정적이지 않다면 반드시 학습에 꼭 도움이 되어야 한다는 부담부터 버리자. 아이들의 스트레스 해소에 도움이 될 수 있다는 사실도 소중하다. 즐거워야 공부도 한다.

4. 《앗》 시리즈

과학을 좋아하던 첫째 아이의 최애 아이템은 《앗》 시리즈였다. 그 중에서도 《수학이 수군수군》 등은 몇 번씩 되풀이하며 봤다. 손에 잡히는 사이즈로 분량도 두껍지 않았고 다양한 일러스트가 소소한 재미를 주었다. 나중에는 이 책의 원서인 《Horrible Science》 시리즈도 찾아 읽었다.

습관은 결과와 많은 연관성을 갖는다. 개에게 동화책을 읽어주던 자신감이 습관이 되면 아이는 책 읽기가 즐거워진다. 어떤 책이든 일단 자주 접하고 가까이할 수 있는 환경을 만들어주면 책과의 거리감도 줄어들게 된다. 책을 편하게 집도록 하는 일은 아이가 흥미를 느끼는 가벼운 책으로 시작하는 게 좋다. 책을 드는 일이 부담스럽지 않아야 학습용 책으로 발전할 수 있다.

책을 드는 일이 자연스러워지면 아이의 성향을 살펴 공부환경을 만들어주자. 내향적인 첫째 아이와 외향적인 둘째 아이의 공부에도 다른 접근법이 필요했다.

100점짜리 시험지를 받으면 한 달 뒤에야 가방 밑에서 구겨진 시험지를 발견할 수 있었던 첫째와 교문에서부터 시험지를 들고 달려오는 둘째의 특성은 독서에서도 달랐다. 첫째 아이는 4시간을 꼼짝않고 한자리에서 책을 읽었지만, 둘째 아이는 이 책 저 책 쌓아두고 과시하며 읽었다. 서로 다른 책 읽기를 나무라지 않고 각자의 방식대로 도와주었다.

첫째 아이가 같은 책을 서너 번씩 다시 읽어도 새로운 책을 읽으라고 간섭하지 않았다. 항상 과학책만 집어 들어 독서 편식을 한다는 선생님의 지적을 받기도 했지만 그냥 두었다. 대학에 가면서 철학 등의 인문서로 독서의 비중을 스스로 맞추어 갔다. 몰입이 방해되지 않도록 지켜볼 뿐이었다. 시험 때면 별다른 계획 없이 교과서부터 훑어보는 방식도 그냥 두었다.

일정한 계획으로 자신을 가두기 싫어하는 첫째 아이는 마음이 움직여야 집중력을 보였다. 할 때가 되면 짧은 시간을 투자해도 몰입도가 높으니 잔소리를 참아야 했다. 남이 뭘 하든 주변에 동요되지 않아 다른 아이들이 어떤 학원을 찾든 말든 본인이 필요한 곳을 골라 선택했다. 그저 지켜보며 간섭하지 않는 것이 최선이었다.

반면, 과시형으로 책을 쌓아두고 읽는 둘째는 내용을 '묻고 답하는 방식'으로 학습을 유도했다. 엄마에게 질문하고 스스로 대답하며 자신감을 과시하기 위해서라도 둘째 아이는 열심히 책을 뒤져 질문을 만들어냈다. 집념이 강한 둘째 아이는 시험계획을 세울 때도 요란했다.

등수에 대한 목표를 세우고 계획에 대해 장황하게 설명할 때면 고개를 끄덕이고 '좋은 방법이네! 아주 좋네! 넌 잘하니까' 하면서 맞장구치며 지지해줬다. 인정받았다는 생각이 들면 둘째 아이는 무섭게 전념했다. 동네의 작은 보습학원에서 3~4명의 아이들과 함께 경쟁하며 공부하는 것을 즐기는 스타일로 칭찬 받은 날은 성취 결과가 대단했다.

책을 들게 하는 일도 공부를 하게 하는 일도 각자의 스타일에 따라 방법이 달라야 한다. 공부가 죽어도 싫다면, 책을 드는 일이 끔찍하다면 무언가 강요된 상황에서 만들어진 트라우마일 수도 있다. 공부나 책이 문제가 아니라 결과에 대한 채근으로 일말의 두려움을 느끼고 있는 것은 아닌지 살펴보자. 아무리 예쁜 옷도 몸이 편해야 손이 가듯 누군가에게는 아주 좋은 방법이 나의 아이에게는 완전히 버리고 싶은 최악의 방법일 수도 있다.

Point

공부가 싫은 게 아니라 방법이 맞지 않을 수 있다.

단점을 살려주면
몇 배의 장점이 된다

뇌과학자들에 따르면 어릴수록 벌이나 훈육보다는 칭찬이나 상과 같은 '보상'이 한결 효과적이라고 한다. 청소년기에는 벌이든 상이든 큰 효과가 없어지고, 어른이 되면 벌이 더 효과가 있다고 한다. 그런데 상으로 주는 칭찬에도 요령이 필요하다. 갑작스런 칭찬은 어색하고 부자연스럽기 때문에 오히려 역효과를 낸다. 진심이 입에 붙도록 칭찬도 습관화하자.

　하루는 어린이집 선생님이 전화를 걸어 첫째 아이를 칭찬했다. 콩이라고 하면 질색하는 아이들이 많은데 우리 아이가 완두콩 밥을 너무 잘 먹는다는 것이다. 우리 아이 역시 겨우 구슬려 몇 알씩 먹이는 게 전부인데 콩밥을 잘 먹다니 의아했다. 집에 돌아온 아이에게 물었다.

"완두콩 밥을 그렇게 잘 먹었다면서? 엄마는 몰랐네. 언제부터 콩이 좋았어?"

머쓱한 표정을 짓던 아이가 내놓은 답이 걸작이었다.

"엄마가 친구들이 싫어하는 걸 해주는 게 좋은 친구라고 했잖아요. 아이들이 콩을 싫어해서 내가 다 먹어줬어요. 좋은 친구가 되려고 참고 먹었어요. 싫으면 먹어준다고 했더니 아이들이 다 내 식판에 쏟아놨어요."

제 주장보다는 남의 말을 더 많이 듣고 늘 양보하는 아이를 보니 한숨이 나왔다. 이건 배려가 넘치는 건가? 모자란 건가? 한 소리를 보태려다가 애써 말을 거두었다. 착한 사람 콤플렉스를 우리는 잘 알고 있지 않은가. 제 밥도 못 찾아 먹을까봐 걱정스러워 평소 존경하는 멘토에게 털어놓으니 충고 하나를 해주었다.

"못 바꿔! 타고난 성품이야. 바꾸려고 애쓰지 말고 그걸 상섬으로 키워줘. 내 아들도 실속이 없어서 걱정 많이 했거든. 어쩌다 비싼 티셔츠 하나 사주면 집에 벗어두고 가는 거야. 학교 가면 이런 거 못 입는 애들이 위화감 느낀다나! 서울에서 대학 다닐 때 친구들이랑 부산에 놀러 왔기에 별장에서 하루 자라고 했더니 그냥 돈 모아서 민박하더라구. 친구들한테 별장 얘기 꺼내면 있는 척하는 거 같아서 싫다고 말이야.

초등학생 때 한 번은 집에 와서 그러는 거야. '엄마! 아이들이 제

신발을 5층에 가지고 가서 떨어뜨렸어요.' 그래서 내가 버럭 소리를 질렀지. '나쁜 녀석들! 너도 그렇게 해줘!' 그랬더니 차분한 목소리로 그러더라고. '왜 화를 내세요! 내려가서 주워 오면 되는데.' 그때 깨달았어. 사람마다 타고난 천성이 있구나. 저 고운 심성을 장점으로 살려줘야겠다. 나중에 보니 인간성 좋다는 말을 많이 듣더라고. 단점을 살려주니까 장점이 됐어!"

초등학교 1학년 여름 방학이 끝나고 2학기 첫날, 현관에 선 아이가 눈물을 흘리고 있었다.

"엄마, 교실에 갔는데 제 자리를 못 찾으면 어떻게 해요?"

나서기 좋아하는 이 엄마의 성격을 10분의 1이라도 닮았으면 싶었던 첫째 아이의 소심한 성격에 나는 늘 애가 탔다. 그래서 채근이나 꾸지람보다 마음의 격려를 먼저 챙겼다.

"괜찮아. 한번 둘러보면 생각날 수 있어. 모르면 선생님께 여쭤보면 되지. 솔직하게 말씀드리면 잘 알려주실 거야. 그리고 잘 모르겠으면 가만히 생각해서 방법을 찾으면 돼. 엄마도 그렇게 걱정되는 일이 많았어. 무엇보다 자리가 생각 안 나는 건 네가 잘못한 게 아니야."

눈물을 닦아주면서 격려했지만, 사실 속이 터졌다. 어떻게 이렇게 소심할 수 있을까? 무한한 응원이 필요한 아이였다.

하루는 동생과 길거리에서 500원짜리 동전을 하나 주워 왔다. 주인을 찾아줘야 한다며 아이는 경찰서에 꼭 전해달라고 신신당부를 했다. 알겠다고 하고는 서랍에 넣어두었는데, 일주일 내내 아침마다 주인이 돈을 찾아갔는지 경찰서에 확인해달라고 요청했다. 대놓고 거짓말을 할 수 없어 얼버무리느라 얼마나 시달렸는지 모른다. 아이는 소심한 범생이였다.

이런 사례는 셀 수 없이 많다. 19개월 어린이집에 가야만 했을 때도 그랬다. 맞벌이인 우리는 아이를 돌봐주시는 베이비시터 아주머니의 도움을 받았는데, 둘째 아이가 태어나자 연년생인 두 아이를 아주머니 혼자 감당하기 힘들 것 같아 첫째를 어린이집에 보내기로 했다. 보통 아이들처럼 가기 싫으면 떼를 쓰거나 의사표현을 해야 하는데 첫째 아이는 늘 말없이 어린이집 앞까지 와서는 눈물을 흘렸다. 그리고는 "눈물 좀 닦아주세요!" 하며 돌아서 들어갔다. 동생을 위해 자신이 어린이집에 가야 한다는 사실을 스스로 인식하고 있었던 것이다. 그런 아이를 더 이상 못 보내겠으니 차라리 둘 다 집에 데리고 있겠다고 아주머니는 선언했다. 그러나 이 소심하고 착한 천성은 후에 좋은 친구를 많이 만드는 계기가 됐다.

어느 주말, 과학고 기숙사에서 돌아온 아이가 서클을 만들었다고 했다. 대학 진학을 위해 자기소개서에 쓸거리가 늘었다 싶어 속으로 반색을 했는데 이어지는 아이의 말에 힘이 빠졌다.

"회장 자리는 리더십 좋은 친구에게 넘겼어요. 저는 리드하는 스타일은 아니라서요, 열심히 도울 거예요. 왜요? 제가 회장 자리를 양보해서 실망하셨어요?”

맥 빠진 내 얼굴을 본 아이의 말에 갑자기 속내를 들킨 것 같아 얼굴이 붉어졌지만, 애써 평정심을 잃지 않고 잘했다고 응수했다. 한 주가 지나 다시 기숙사에서 아이가 돌아왔다.

“엄마, 제가 다시 회장이 됐어요. 친구가 서클을 만든 건 저라고 저더러 회장하래요. 부족한 건 자기가 도와준대요. 좋은 친구죠?”

양보하는 마음이 오히려 더 좋은 친구들을 주위에 두게 했다.

대학에 진학해 학과의 학생회장을 맡았다. 2월생으로 태어나 1년 이른 초등학교 입학과 과학고 조기졸업으로 또래보다 2살이 어렸다. 어린 나이에 미숙한 일 처리로 주위의 불평을 감내하며 힘겹게 회장직을 이어갔다. 스트레스로 힘들어할 때면 그만두라고 했는데 맡은 일은 끝까지 책임지겠다고 했다.

그 힘들었던 시간이 아이를 성장하게 했다. 아이의 성격은 180도 달라졌다. 스스로 자신을 시험대에 세운 첫째 아이는 이제 외향적이고 유머 넘치는 성격으로 바뀌었다. 단점을 들춰내 야단치지 않고 격려한 덕인지 스스로 극복하며 다른 세상을 얻어 갔다.

대학에 입학한 후, 축제 분위기 가득한 5월 학교에 갔더니 묵직한 책만 끼고 다니던 아이의 옆구리에 소주 2병이 끼워져 있다.

“엄마, 저 동아리방에 이것 좀 두고 올게요. 잠깐만 기다리세요!”

소주병을 옆구리에 끼고 달리는 첫째 아이의 뒷모습을 보며 나는 생각한다.

'그래. 그렇게 천천히 사회 속으로 들어가는 거야! 단점을 극복하면서 그 안의 문제를 해결하려고 노력하다 보면 그게 너의 큰 장점이 될 거야.'

아이의 단점을 기록해보자. 그리고 그 단점 안에서 장점의 키워드를 발견해보자. 꺼낼 수 있는 무궁무진한 가능성이 바로 그 속에 잠재되어 있을 것이다.

Point

단점을 뒤집어 보면 강점이 숨어 있다.

아이가 원하는 분야의
최고를 꿈꾸게 하라

아이들의 꿈은 시대적 변화를 타고 진화한다. 알파고와 이세돌의 바둑 대결 이후 이제 인공지능(AI)은 낯설지 않은 단어로 우리 곁에 다가왔다. 로봇이 타주는 커피를 마시고, 로봇이 알려주는 안내에 따라 길을 가기도 한다. AI는 이제 현실이 된 것이다.

AI가 주도하는 4차 산업혁명 시대를 맞이하면서 이제는 뻔한 진로가 아니라, 변혁적인 진로를 꿈꾸고 미래에는 다양하고 창의적인 콘텐츠로 승부해야 한다는 주장들이 넘쳐난다.

AI와 겨루는 인간의 창의적 능력은 어디까지 발전할 수 있을까? 이러한 궁금증을 풀기 위해 최근 뇌과학자를 꿈꾸는 아이들이 많아졌다.

뇌과학은 말 그대로 인간의 뇌를 연구해서 유전자의 법칙을 파악하는 학문이다. 법칙에 따라 인간의 행동이나 행동 원인 등을 과학적으로 설명하기 때문에 인간의 마음까지도 과학적으로 분석할 수 있다고 한다.

학습과 뇌의 직접적인 연관성은 이미 잘 알려져 있다. 1988년 미국의 신경생물학자인 로저 스페리Roger Sperry는 인간의 뇌는 한쪽이 다른 한쪽보다 좀 더 우세할 가능성이 높다는 주장을 폈다. 오른쪽 뇌가 더 발달한 우뇌형은 창의적이고 예술적이며, 반대로 왼쪽 뇌가 더 발달한 좌뇌형은 논리적이고 치밀한 분석형일 가능성이 높다는 것이다.

한동안 엄마들 사이에서는 양쪽 뇌를 다 발달시키겠다는 욕심이 열풍처럼 번지면서 오른손잡이 아이들에게 억지로 왼손을 쓰게 하는 해프닝도 벌어졌다. 아이들의 뇌를 좌뇌형과 우뇌형으로 나누는 테스트는 인터넷에 차고 넘친다. 그러나 과학자들은 뇌 기능이 그렇게 단순하지 않다고 주장한다. 뇌는 한결 더 복잡한 구조로 움직인다는 것이다. 그러한 몇 가지 테스트로 아이들의 특성을 단언하기는 쉽지 않다.

일찌감치 재능을 파악할 수 있다면 허비하는 시간도 적을 것이다. 아이의 재능이나 특성을 좀 더 일찍 파악하기 위해 부모는 다양한 사교육을 시키며 허리가 부서져라 경비를 지출한다. 피아노, 축구, 미술, 영어, 수학, 과학, 코딩, 중국어, 논술, 발레, 골프 등 해야 할 것이 점점 늘어난다.

나는 중고등 학생들을 대상으로 강의를 할 때마다 이런 질문을 한다.

"여러분이 제일 잘하는 게 뭔가요?"

아이들은 항상 특정 과목을 이야기한다.

"국어 잘해요."

"과학 점수가 높아요."

"수학에 자신 있어요."

그럼 나는 늘 이렇게 답한다.

"너보다 수학을 잘하는 사람은 전국에 (숫자는 매번 달라지지만) 23,520명쯤 더 있어. 진짜 나만이 잘할 수 있는 걸 묻는 거야. 남들이 못 따라올 만큼 내가 잘하는 것이 있는지 말이야."

아이들은 더 이상 말이 없다. 남이 잘하는 걸 나도 잘해야 되는, 다들 잘하는 걸 나도 잘해야만 되는 세상이다. 그래서 오히려 진짜 창의적이고 개성 있는 것은 뒷전으로 물러나 있다. 요즘 부모들에게 아이가 커서 무슨 일을 하기를 원하느냐고 질문하면 똑같은 대답이 돌아온다.

"아이가 좋아하고, 아이가 잘하는 거요."

그런데 그 잘하고 좋아하는 게 뭘까? 기왕이면 엄마가 원하는 걸 잘했으면 좋겠고, 엄마도 바라는 걸 좋아했으면 한다. 아이가 좋아하면 무조건 따라가겠다던 마음을 실천하기란 쉽지 않다. 내가 힘들었던 경험을 아이는 하지 않기를 바란다. 그래서 우리에게는 각기 다른 편견이 존재하고 아이의 미래에 개입하게 된다. 그러다 보니 혹여 경제적으로 넉넉하지 않다는 이유로 기회를 주지 못해서 아이의 재능을 놓치는 것은 아닐까 노심초사하게 된다. 불안함 속에 사교육 통계는 날이 갈수록 놀라운 숫자를 점하고 부모의 허리도 덩달아 휘청인다. 오죽하면 강남의 효자, 효녀는 자신이 뭘 하고 싶은지 일찍 말해주는 아이라고 할까?

하지만 이것저것 다 시켜본다고 아이들이 쉽게 진로를 정하는 건 아니다. 진로를 결정하는 타이밍은 언제가 좋을까? 많은 전문가들은 적어도 고등학생 때는 진로에 대한 구체적인 목표가 있어야 한다고 말한다. 그러나 매일 그 꿈이 달라진다고 문제가 있는 것인가?

둘째 아이가 고등학생 때 학교 기숙사에서 전화를 했다.

"엄마, 친구들이 나한테 부럽대요. 하고 싶은 게 있어서 좋겠다고요."

진로와 꿈은 얼마든지 바뀔 수 있다. 정해진 진로를 바꾸었다고 해서 인생사 문제가 생기는 것은 아니다. 최선이라고 생각되는 분야가 생긴다면 진로는 얼마든지 수정 가능하다.

매 순간 하고 싶은 무엇이 없다는 게 문제다. 진로에 대한 꿈은 자주 바뀔지언정 하고 싶은 것은 있어야 하지 않을까? 부모가 알려줘서 하고 싶은 게 아니라 아이 스스로 하고 싶은 것 말이다. 아이가 묻는다.

"엄마, 난 뭘 하는 게 좋을까요?"

이 책을 읽고 있는 여러분은 어떻게 답할 것인가?

엄마의 대답	아이의 속마음
엄마가 어떻게 알아?	너무해. 도움이 안 되잖아!
당연히 네가 원하는 걸 해야지.	원하는 게 뭔지 나도 모른다고요.
넌 뭘 하고 싶은데?	물었는데 답은 안 주고 다시 물으세요?
공부를 열심히 하면 하고 싶은 게 생길 거야.	또 공부 얘기?
요즘은 전문직이 대세야.	어떤 전문직이요? 공무원? 의사? 교수?
뭘 해도 상관없어.	관심이 없으신 거예요? 정보가 없으신 거예요?
글쎄…….	제 입장에서 생각해 본 적은 있으세요?

아이들과 진로에 대한 이야기를 나눌 때는 보다 신중해야 한다. 자! 매우 인상적이었던 답을 하나 소개한다.

드림웍스의 전용덕 촬영감독을 초대해 학생들을 대상으로 강연회를 연 적이 있다. 당시 한국에 오면서 함께 일하는 드림웍스의 부사장 CCO 빌 다마슈케Bill Damaschke의 인터뷰를 담아 왔다. 부모인 나는 내내 반성하며 들었다.

"안녕하세요? 여러분, 반갑습니다. 어려서 우리 집은 매우 가난했습니다. 학생 때는 늘 아르바이트를 해서 용돈을 벌어야 했어요. 아버지는 트럭기사였고, 엄마는 식당 종업원이었죠. 제가 커서 무엇을 하는 게 좋을지 부모님께 물어볼 때면 한결같이 말씀해 주셨어요. '네가 뭘 해야 하냐고? 네가 좋아하는 분야의 최고가 되면 된단다.

아빠처럼 운전이 하고 싶으면 미국 최고의 트럭 운전사가 되고, 엄마처럼 식당에서 일하고 싶으면 널 따라올 사람이 없을 만큼 최고의 웨이터가 되면 돼.' 그래서 저는 곰곰이 생각했습니다. 내가 좋아하는 분야는 무엇일까? 저는 만화를 정말 좋아했습니다. 그래서 만화 분야에서 최고가 되자고 마음먹었고 그렇게 열심히 뛰다보니 지금은 애니메이션을 만드는 최고의 회사 드림웍스의 부사장이 되었습니다. 무엇을 하든 여러분이 정말 원하는 분야의 최고를 꿈꾸세요!"

그의 인터뷰는 마음을 내리쳤다. 나는 아이의 꿈에 어떤 훈수를 두었는가. 아이가 묻는 아이의 진로에 어떤 대답을 해주었던가? 반성이 따라왔다. 현명한 부모 역할은 힘들지만, 우리는 이렇게라도 배울 수 있다. 배운 대로 실천에 옮겨보자.

Point
원하는 일의 최고를 꿈꾸도록 응원하자.

말하기 능력은
생각하는 습관에서 길러진다

아이들이 어릴 때 외식을 하러 나갔다. 옆 테이블에 부모와 중학생 쯤 되어 보이는 아들 둘이 둘러앉아 식사 중이었다. 우리 테이블은 아이들의 재잘거림으로 쉼 없이 대화 중인데 옆 테이블은 너무 조용했다. 단 한마디도 하지 않고 1시간 동안 밥만 먹고 나가는 가족을 보니 놀라울 지경이었다. 물론 사춘기의 남학생들이니 이해는 가지만 그 장면은 두고두고 충격으로 기억됐다.

내가 사는 지역의 남성들은 다른 지역에 비해 좀 과묵하다. 그날의 충격은 아들들과 좀 더 살갑게 소통하는 또 다른 계기가 되었다. 하루는 첫째 아이가 서울에서 전국 규모의 경시대회에 출전하고 돌아오던 날이었다.

"와! 놀랐어요. 화장실에 갔는데, 서울 친구들은 정말 말을 많이 해요. 제 친구들은 '잘 봤나? 물어보면 잘 봤다, 아이다!' 이렇게 한 단어로 끝나는데, 애네들은 '1번은 이렇고 저렇고 이 문제가 다시 보면 요렇고 조렇고.' 어쩜 그렇게 길게 얘기를 하지요?"

한참을 웃었다. 말수가 적고 많고는 개인의 차이가 있겠지만, 보고 자라는 환경의 탓도 있다. 아이가 자라면서 점점 걱정이 되었다. 말을 유창하게 할 줄 알아야 자신이 주장하는 바를 조리 있게 잘 전달할 수 있을 텐데, 말수가 적어 표현하는 데 한계가 있지 않을까 우려됐다.

한 번은 한 유명 대학의 입학사정관에게 물은 적도 있다.

"선생님, 우리 지역 아이들이 다른 지역 아이들보다 말이 좀 없는 편이죠? 그러면 면접 볼 때 손해를 볼 수도 있을까요?"

가볍게 던진 질문인데, 입학사정관의 대답은 의미 있게 돌아왔다.

"완전히 아니라고는 말 못합니다. 말을 많이 하는 것과 조리 있게 하는 건 분명히 다르지만, 그래도 말을 유창하고 조리 있게 하면 더 강한 인상을 주겠죠. 다 알고는 있는데 충분히 전달을 못하면 상대적으로 불리할 수도 있지 않을까요?"

일리 있는 말이다. 표현하지 않아서 속 터지는 경우를 우리는 종종 경험하지 않는가! 하지만 말이 많지 않아도 유창하지 않아도 조리 있는 말솜씨는 생활 속에서 충분히 훈련된다. 말이 많은 것과 조리 있게 말하는 것은 차원이 다르니 말이다.

평소 말이 적고 과묵한 아이라고 할지라도 조리 있게 말하는 능력은 엄마가 단련시킬 수 있다. 조리 있는 말습관이 몸에 배이면 유창해지는 것은 시간이 해결한다. 말을 잘하려면 논리적인 사고가 필요하다. 21세기형 인재는 생각하는 바를 논리적으로 표현할 수 있는 능력을 가져야 하니 생활 속에서 이런 상황을 자주 만들어 주자.

아이의 말하기 능력 키우기

1. 형제자매 간(외동이라면 가까운 친구도 좋다. 그것도 힘들다면 부모가 상대역을 해주자)에 이야기 나눌 기회를 의도적으로 만들어준다.

나는 첫째 아이와 둘째 아이가 서로 이야기를 많이 나누도록 환경을 만들어 주었다. 어린이날이나 성탄절과 같은 기념일이면 어떤 선물을 받을지 서로 다른 주장을 펼치기도 했는데 그럴 때마다 의논하게 만들었다.

"둘이 의논해서 의견을 정리해 오면 그게 무엇이든 사줄게."

엄마의 다짐에 아이들은 토론을 시작한다.

"이건 지난번에 사서 안 돼!"

"그건 금방 부러지잖아!"

자신들의 눈높이에서 의견을 나누며 상대를 설득시키기 위해 노력한다. 시간이 걸리더라도 의견을 조율해서 말하면 반드시 약속을 지킨다. 분란이 생길 때면 이런 식으로 두 아이가 서로 상대의 의견을 듣고 생각을 나누도록 했다.

2. 생각거리를 주고, 표현할 시간과 기회를 자주 준다.

퇴근 후, 저녁 식사를 만들면서도 주제를 던질 수 있다.

"된장찌개에는 왜 꼭 두부가 들어갈까? 처음에 왜 사람들은 두부를 넣게 되었을까?"

아이들은 질문에 호기심을 보이며 각자의 생각을 보탠다.

"어떤 할머니가 집에 선물로 받은 두부가 많이 남아서 넣어봤는데 맛이 있는 거예요. 그게 시작 아닐까요?"

"난 찾아봐야지. 두부의 역사!"

컴퓨터로 달려가기도 하면서 아이들은 자신의 기준에서 다양한 의견들을 정리해낸다. 설거지를 할 때도 질문을 던진다.

"엄마 설거지하는 뒷모습은 어때?"

"웃겨요. 엉덩이만 보여요."

"그릇이 깨끗해지니까 엄마는 행복해요."

아이들은 단편적인 생각을 잘도 꺼낸다.

"아, 엉덩이만 보여서 웃기겠구나. 그런데 그릇이 깨끗해지니까 가족을 위해서 이런 일을 하는 엄마가 행복해 보이지? 넌 언제 행복하니?"

마음을 읽어주고 공감하니 기뻐하고, 엄마가 정리하는 문장 속에서 자신의 이야기를 꺼낼 때 아이들은 신이 난다. 조리 있는 말솜씨는 학원에 가서 수업 받는 일이 아니라, 평소 가족 간의 대화 속에서 단단하게 길러진다.

"다시 말해봐. 뭐라고? 큰 소리로 또박또박 말해야지. 무슨 말인지 모르겠잖아!"

채근하면 아이들은 주눅 들기 시작한다. 주눅 들면 또 야단을 맞을 테니 입을 열지 않는다. 부족한 아이들의 말을 거들어 완성된 문장으로 만들어주는 훈련이 반복되면 아이들의 말솜씨는 점점 조리 있게 단련될 것이다.

3. 언어로 마술을 부려보자.

속임수인 것을 알면서도 마술은 늘 신기한 감동을 준다. 다소 과장되더라도 아이들의 마음을 움직이는 마술 같은 단어를 꺼내보자. 간혹 실수하더라도 야단치기 전에 오히려 아이와 마음을 여는 기회로 삼는다. 어설픈 대답에 그 자리에서 바로 다그치 듯 고쳐주면 아이는 자신감을 잃게 된다.

예를 들어 냉장고에서 수박을 꺼내 오라고 했는데, 아이가 메론을 꺼내 왔다고 하자. 당장 문제가 생길 수 있는 상황이 아니라면 재치 있는 언어로 마술을 부려보자.

"엄마 말을 어디로 들은 거야? 이게 수박이야?" 이건 주눅용이다.

"와우! 이건 웬 이상하게 생긴 수박? 오늘부터 이걸 수박이라 칭한다!"

이건 실수를 눈감아주는 마술 같은 재치다. 실수도 즐겁게 만드는 엄마라면 아이는 엄마 앞에서 어떤 말이든 당당하게 자신을 표현할 것이다.

　아이들이 말실수를 할 때 "엄마가 그렇게 말하지 말랬지? 그런 단어 쓰지 말랬지?" 하고 야단치면 아이는 주눅이 든다. 대신 "어? 그런 단어 쓰니까 얼굴도 미워 보이네" 돌려서 알아듣게 하자. 말솜씨는 자신을 표현하는 의미 있는 재산이다. 이런 능력이야말로 우리가 반드시 가르치고 물려줘야 하는 고귀한 재산이다.

Point
아이의 어설픈 의견도 존중하자.

엄마가 키워주는
글쓰기 능력

2박 3일로 서울 출장이 잡혔다. 다음 주에 서울에 출장을 다녀온다고 했더니 아이들이 장화 신은 고양이처럼 애절한 표정으로 나를 보며 묻는다.

"우리도 따라가면 안 돼요? 서울 가고 싶어요."

나는 절대 부정형으로 거절하지 않는다.

"그렇구나. 그럼 엄마를 꼭 따라가야 하는 이유를 7가지만 써서 엄마 가방에 넣어줄래? 엄마가 내일 방송국에 가서 꼼꼼히 읽어보고 저녁에 와서 대답해줄게. 엄마도 같이 가고 싶네!"

두 녀석이 배를 깔고 바닥에 엎드려 한참 고민에 빠져 있다. 엄마를 따라가야 하는 이유에 대해 둘이서 머리를 굴리며 백지를 채우고 있다. 다음 날 아침, 방송국에 도착해 가방을 열어 보니 아이들의 고민 흔적이 담긴 종이가 들어 있었다.

1. 기차 타고 풍경을 볼 수 있다. 2. 보고 싶은 엄마를 오래 볼 수 있다. 3. 기차 안에서 치킨도 먹을 수 있다. 4. 어쩌면 할머니도 볼 수 있다. 5. 엄마를 지켜줄 수 있다. 6. 셋이 가면 안 심심하다. 7. 서울 사진을 찍을 수 있다.

늦은 시간까지 동생과 공모한 결과물에 웃음이 났다. 퇴근 후 나는 아이들과 글을 놓고 대화를 나눈다.

"정말 생각 많이 했네. (일단 칭찬 한마디!) 그런데 어쩌지? 1. 오랜만에 기차를 탈 수 있다? 이번에는 버스 타고 가는데! 2. 보고 싶은 엄마를 오래 볼 수 있다? 엄마가 출장 가면 일하느라 계속 방송국 사람들 만날 거거든. 오히려 집에서 만큼 보기 힘들어. 3. 치킨도 먹을 수 있다? 냄새 나서 사람들이 싫어해. 이번에는 김밥 사서 걸어 다니면서 먹을지도 몰라. 어쩌지?"

진즉에 궁리하고 작정한 바였지만, 아이들에게 안 되는 상황을 설득하면 아이들은 알았다며 오히려 나의 등을 두드려준다. 자신의 생각을 글로 표현하도록 한 일들은 일부러 생활 속에서 자주 만들어주던 상황이다. 원하는 것이나 궁금한 점들을 생각만 하고 넘어가지 않게 항상 글로 남기며 생각을 정리하도록 했다.

"엄마한테 편지로 써줄래?"

"간단히 메모로 써서 냉장고에 붙여줄래?"

원래 글을 잘 쓸 줄 아는 사람은 없다. 글은 생각의 과정을 정리하며 세상 밖으로 나온다. 좋은 글이란 생각이라는 과정을 글로 풀어내 정리하는 기술이니, 생각을 많이 할수록 글이 좋아진다. 그래서 책을 읽고 글로 정리하는 과정은 읽은 책에 대한 감동을 오래도록 남기고 깊이 있게 한다. 그제야 자신의 것이 되는 것이다. 그런 연습을 의도적으로 시킨 덕인지 두 아이는 글쓰기에서 좋은 평가를 자주 들었다.

초등학교 6학년 때 첫째 아이는 한 방송사에서 주최하는 〈어린이 백일장〉에 동생을 따라 참가했다가 대상을 받았다. 둘째 아이는 동시 부문에 참가했는데, 나의 훈수로 작품이 엉망이 되면서 아무런 상도 받지 못했다. 욕심 많은 둘째 아이는 눈물 바람이 되었다.

"내 마음대로 하게 놔두지. 왜 엄마가 옆에서 고쳤냐고."

엉엉 우는 아이를 보며 반성했다. 나의 과욕이 불러온 참사였다. 둘째 아이를 챙기느라 한번 봐달라는 첫째 아이의 요구마저 들어주지 못했는데, 자신의 실력으로 대상을 받고 아주 인상적인 심사평도 받았다.

"이 녀석은 수필이 아니라 무슨 논문을 써놨네. 아주 논리적이야!"

그 후 둘째 아이의 글쓰기에는 털끝만큼도 훈수를 두지 못했다. 아이는 스스로 철저히 방어했다. 그러면서 초등학교 때 청와대와 경제단체의 어린이기자로 현장을 취재하며 기사를 썼다. 지역 일간지의 청소년기자로도 활동했는데 한번은 아이의 기사 때문에 장학사가 학교로 찾아오는 문제 아닌 문제(?)를 일으키기도 했다. 생활 속에서 키워준 생각하기와 표현하기 습관이 글쓰기의 기반이 된 것이다.

두 아이가 초등학생일 때 논술 바람이 온 동네를 휩쓸었다. 모두가 다닌다는 그 논술학원에 상담을 간 적이 있다. 원장의 설명이 속사포처럼 이어졌다.

"우리 학원은 다른 곳과는 많이 다릅니다. 그저 책상에 앉아서 책 몇 권 읽고 각자 독후감을 쓰게 하고 평가하지 않아요. 손잡고 밖으로 나가 하늘도 보고 꽃도 보고 바람도 느끼게 하고 그리고 이야기를 나누면서 스스로 생각하는 힘을 기르도록 만듭니다."

얘기를 듣는 순간 마음속으로 섬광처럼 생각이 스쳐갔다.

'뭐야, 그건 엄마인 내가 할 수 있는 일이잖아.'

등록을 하지 않았으니 학원에는 미안했지만 팁만 얻어온 셈이었다. 그 뒤로 외출을 할 때면 가급적 자동차를 포기하고 아이들과 손을 잡고 걸으며 대화를 늘려 갔다.

"하늘이 예쁘네! 하늘을 보면 무슨 생각이 드니?"

"파란색이 좋아요." "나는 꼭 우주로 날아갈 거예요." "풍선을 내 머리에 달아볼 거예요."

끝도 없는 아이들의 즐거운 말잔치가 이어졌다. 밤에는 머리맡에서 읽는 동화책 한 줄로 묻고 답하며 아이들과 논쟁 속으로 빠져들었다.

"이 곰은 왜 혼자서 여행을 갔을까? 혼자서는 먹을 걸 찾기도 힘들 텐데 말이야."

"어쩌면 친구가 배낭 속에 있을 거예요. 아빠가 뒤따라오고 있을지도 몰라요."

아이들은 기가 막힌 상상을 하는 천재들이다.

첫째 아이가 초등학생일 때 들고 온 시험지를 보고 아주 유쾌하게 웃은 적이 있다.

'친구와 함께할 수 있는 일은 무엇이 있을까요?'

'꽃향기를 함께 맡을 수 있어요.'

아이들의 상상은 아름답기까지 하다. 글을 잘 써서 논술에 강한 아이로 키우고 싶다면 생각해보자. 논술의 사전적 의미는 간단하다. 생각하고 논하며 서술하는 것이다. 주변에서 일어나는 일들의 해결 방법을 고민하고 그 생각을 논리에 맞게 풀어내면서 생활에서 익힐 수 있다. 논술은 크게 다음과 같은 유형으로 출제된다.

대표적인 논술 유형 3가지

1. 찬성인지 반대인지 입장을 선택한 뒤 근거를 가지고 자기 입장을 서술하는 찬반 논의형

예) '밥을 빨리 먹는 게 좋을까? 늦게 먹는 게 좋을까?' 쉬운 주제로 식탁에서 대화 나누기

2. 어떤 문제를 해결할 수 있는 대안을 찾아가는 문제해결형

예) 혼자서 대중교통으로 아빠의 회사를 찾아가는 방법을 논해보기

3. 제시된 자료를 보고 요약하거나, 공통 주제를 찾고 추론을 통해 분석하는 서술형

예) '게임을 많이 하면 정말 머리가 나빠질까?' 신문기사를 찾아 읽고 생각을 적어보기

마음만 먹으면 얼마든지 학원을 보내지 않아도 가능한 일이 아닌가? 논술, 거창하게 생각할 것 없다. 논리적 사고를 하도록 평소 환경을 이끌어준다면 기초공사는 엄마의 리드만으로도 충분히 가능하다.

Point

생각하도록 이끌어야 글이 나온다.

세계적인 코딩학자의
조언

사교육 시장은 정부의 정책 기조에 따라 현란한 마케팅으로 부모를 유혹한다. 귀한 내 자식을 볼모 삼는 입시정책을 보며 단 한번도 '좋은 정책'을 바란 적은 없다. 그저 제발 '바뀌지 않는 일관된 정책'을 바랐다면 그게 과욕일까?

종종 후배맘들이 "입시 어떻게 대비해야 될까요?" 하고 물을 때마다 "하지 마! 또 바뀔 걸. 그때그때 대비해!"라고 잘라 말할 정도였다면 가슴 아픈 일이다. 정해진 입시제도에 따라 자신만의 방식대로 꾸준히 대비하면 원하는 학교에 갈 수 있도록 만드는 것은 현실에서는 참 어려운 일이다.

'오렌지orange'라는 단어의 발음이 화두가 된 적이 있었다. 영어공

교육 몰입을 새 정부의 굵직한 과제로 내세웠던 대통령직 인수위원장이 "'오렌지'를 달라고 했더니 아무도 못 알아듣기에 '오륀지'라고 하니까 가져오더라"라는 이야기를 하면서 '오륀지'식 영어교육이 급물살을 탔다. 발음을 강조한 말하기 영어가 확산되더니 몇몇 지자체에는 영어방송국까지 만들어졌다. 온 학교에 많은 원어민 선생님이 배치되었고 모든 아이들을 회화의 달인으로 만들 것처럼 여러 영역으로도 영어가 번져 나갔다.

시류에 맞춰 영어로 하는 과학 수업까지 학교마다 생겨났다. 영어로 하는 과학 수업에 선발되었던 첫째 아이에게 도대체 어떻게 수업을 하느냐고 물었다. 초등학교 과학교사가 영어로 수업이 가능한 건지 또 아이들이 그걸 모두 알아듣는지도 궁금했다. 수업에 다녀온 아이의 말은 매우 실망스러웠다. '(물을) 따르다.' '(액체를) 섞다'와 같은 기본 동사 몇 개만 영어를 섞어 쓰는 기이한 영어 수업이 해프닝으로 벌어지더니 곧 자취를 감췄다. 영어가 쓰나미처럼 지나간 자리에 '코딩'이 남았다.

코딩 교육이 의무화되면서 초등 부모들은 도대체 어느 정도까지 어떻게 가르쳐야 하는지 사교육 시장을 전전하며 다시 머리를 싸매고 있다. 오랜 시간 공부한 어른들도 어렵다는 코딩을 초등학생이 쉽게 배울 수 있을까? 온 학원이 우리가 더 쉽고 재미있게 정복시켜주겠다며 코딩교육에 몰입하고 있다.

먼저 코딩이 무엇인지 알아보자. 코드^{code}는 컴퓨터가 알아들을 수 있는 언어다. '코딩'은 한마디로 컴퓨터가 이해할 수 있는 언어로 명령을 입력하는 것이다. 넓게 보면 프로그래밍이다. 생활 속에서 우리가 사용하는 수많은 기계들도 코딩을 통해 입력된 명령대로 작동한다. 그러다 보니 앞으로 인공지능, 사물인터넷 등이 생활 속에 더 가까워지는 4차 산업혁명 시대에는 코딩의 필요성과 가치가 더욱 강조된다.

빌 게이츠Bill Gates는 "코딩은 생각하는 사고의 범위를 넓혀주고 더 나은 생각을 할 수 있게 만들어준다. 어느 분야든 상관없이 문제에 부딪혔을 때 새로운 해결책을 생각할 수 있는 힘을 길러주는 작업이 바로 코딩이다"라고 했다. '기계가 움직이려면 이렇게 코딩해!'가 아니라 '이렇게 움직이게 하려면 어떻게 코딩하면 될까?'를 생각해야 한다.

스티브 잡스Steve Jobs는 "모든 사람이 컴퓨터 프로그래밍을 배워야 하는데, 코딩은 생각하는 방법을 가르쳐주기 때문에 더욱 배워야 하는 것"이라고 강조했다.

그들이 강조하는 내용을 들여다보면 결국 문제에 부딪히거나 어떤 결과를 원할 때 어떻게 풀어가야 할지를 생각하는 과정, 그 힘을 기르는 것이 코딩 교육의 목적이다.

어떻게 풀어갈까는 고민하지 않고, 단순히 암기한 공식에 따라 문제를 풀어내는 수학 실력은 그리 오래가지 못하는 것처럼 기술과 요령만 배우는 코딩은 코딩 교육의 진짜 목적을 잊고 있다. 아이들에게 단순한 기술을 암기시키듯 코딩 기술을 가르치자는 것이 아니라, '생각하라'는 것이 주된 목적이다.

우리는 정말 제대로 가고 있는 것일까. 사고의 범위가 아닌 발 빠른 해답의 기술만 가르치고 있는 것은 아닌지 걱정이 된다. 누구는 상을 받아야 하고 누구는 더 높은 점수를 받아야 하니 1등부터 100등까지 줄 세우기 식으로 할 수밖에 없다면서 아이들이 또 코딩이라는 이름으로 혹사당하고 있는 것은 아닌지 걱정된다.

국내외 최고 석학들이 모인 한국의 한 콘퍼런스에 교육용 코딩프로그램 스크래치를 개발한 MIT대학 미첼 레스닉Mitchel Resnick 교수가 왔다. 그는 너나없이 학원에서 배우는 한국식 코딩프로그램에 일침을 놓았다. 코딩은 스킬이 아니라 표현의 수단이라고 강조했다.

그는 MIT에서 30년간 고민한 창의적 교육의 결과를 4가지로 줄여서 4P로 설명했는데 프로젝트Project, 열정Passion, 동료Peers, 놀이Play라는 요소다.

먼저, '프로젝트'는 이야기를 표현하는 방법을 말한다. 그는 블록형 코딩프로그램 스크래치로 밤새 꾸었던 꿈의 내용을 표현한 어느 학생을 예로 들었다.

"전 세계적으로 코딩 열풍이 불었지만 대개는 구체적인 기술만 가르치고 있다. 코딩의 기본은 기술이 아니라 스스로 무엇인가를 표현하기 위해 생각하고 드러내는 것이다. 단순히 기술만 강조하는 코딩학원은 큰 도움이 될 수 없다"라고 전했다.

두 번째 요소인 '열정'에 대해서는 문제에 도전하고, 실패를 극복하는 과정의 중요성을 설명했다. 문제해결의 과정에서 자신감을 얻게 한다는 것이다.

세 번째 요소인 '동료', 한 집단에서 자신의 프로젝트를 선보이고 동료와 의견을 나누는 과정에서 창의성이 자란다고 강조했다. 그는 한 학생이 스크래치 커뮤니티에서 수십 명의 사람들과 함께 〈올랜도 총기참사 추모 프로젝트〉를 만든 일을 소개하며 "협업이야말로 귀중한 경험"이라고 강조했다.

마지막으로 강조한 요소는 소통으로서의 '놀이'다. 몸을 움직이는 활동으로서의 놀이가 아니라, 문제를 해결하려는 소통의 놀이가 필요하다는 것이다. 블록이나 센서, 각종 디바이스 등으로 여러 문제에 도전하고 경험하는 것을 '놀이'로 받아들이도록 해야 한다는 것이다. 실패해도 실패가 별것이 아님을 그래서 다시 즐겁게 도전할 수 있도록 부모가 도와줘야 한다고 강조했다. 세계적인 코딩학자의 조언을 귀담아 들어보자. 남들 다가는 학원에 늘 정답이 있는 것은 아니다.

Point
실패하는 과정이 값비싼 코딩 실력을 만든다.

영재 엄마들의
공통점

오랜만에 후배를 만났다. 이제 막 걸음마를 뗐는데 여기저기 다니며 늘 부산스럽다고 했다.

"선배님, 우리 아이 영재인가 봐요. 이제 15개월인데 글자를 안다니까요. 제가 책꽂이 앞에서 '전래동화책' 하면 그 책을 정확히 빼와요. 정말 신기해요."

아이 자랑이 늘어진다. 나의 과거를 떠올리며 열심히 들어주던 어느 날, 시무룩한 표정으로 후배가 찾아왔다.

"선배님, 영재가 아니었어요. 남편이 책장 정리한다고 책을 옮겼거든요. 전래동화책이 있던 자리에 자기 책을 잔뜩 꽂아놨는데, 책꽂이 앞에서 '전래동화책' 했더니, 그 자리에 꽂힌 제 아빠 책을 빼왔더라고요."

후배는 정말 15개월 아기가 글을 알고 책을 가져온다고 생각했을까? 아니, 그렇게 생각하고 싶었을 것이다.

카이스트 정재승 교수는 한 강연에서 이런 말을 했다.

"우리 아이가 영재라고 생각하실 때 있으시죠? 정말 각 분야의 영재들이 많아진 세상입니다. 아이들이 똑똑해졌어요. 그런데요, 정말 영재는 조금 다릅니다. 우리 아이들은 질문이 많아요. 왜냐고 항상 물어요. 물론, 여기까지만 해도 남다른 겁니다. 그런데 질문만 한다고 영재는 아닙니다. 진짜 영재는요, 왜냐고 묻고 그 궁금한 질문에 스스로 생각하고 해답을 찾아 그 방법을 행동으로 옮기는 아이입니다."

에디슨이 달걀에서 병아리가 부화되는 걸 보고 '방법'을 생각한 뒤, 자신의 몸으로 따뜻하게 달걀을 끌어안고 부화를 기다린 일화는 유명하다. 호기심으로 질문만 던진 것이 아니라 자신의 방식대로 문제를 해결하는 방법을 찾고 그것을 실천에 옮겼다는 점, 그것이 영재 에디슨의 태도였다는 것이다.

1년간 50명이 넘는 영재 엄마들을 만나 취재한 경험이 있다. 그 과정에서 많은 것을 배울 수 있었는데, 그녀들에게는 놀랍게도 공통점이 있었다.

영재 엄마들의 교육철학과 태도

1. 잘할 때보다 오히려 좌절할 때 더 격려하고 안아주었다.

아이가 잘하고 좋아하는 일을 할 때 끊임없이 격려했다. 그 기다림이 집착이 아니라 인내가 되면 아이들의 창의성에 맛깔스런 단비를 내리게 한다. 중단 없는 격려는 쉽지 않다. 때로는 짜증이 일기도 하니 말이다.

미국에서 만난 에스더Esther의 엄마는 대단했다. 한국에서 꼴찌였던 에스더가 하버드 대학원에 입학을 했다. 에스더와의 인터뷰는 많은 감동을 주었다.

"한국에 있을 때 반에서 꼴찌를 하는 여중생이었어요. 집안 형편이 좋지 않았는데, 아버지가 교회에서 일자리를 얻어 영국에 갔죠. 유색인종이라고 차별받으면서 힘들었어요. 공부를 못했으니 영어도 안 됐죠. 주변에서 케임브리지가 좋은 대학이라고 하니까 꼭 가고 싶었는데, 공부 못하는 제가 합격할 리가 없었어요. 나름대로 열심히 했지만 떨어졌죠. 너무 속상해서 엉엉 울고 있는데 엄마가 제 방에 들어와 하신 말씀이 제 인생을 송두리째 바꿨어요.

엄마는 제게 무엇이 되고 싶냐고 물으셨고, 저는 생화학자가 되어 가난한 사람을 돕고 싶다고 했죠. 그때 엄마는 제 어깨를 다독이며 말하셨어요. '에스더, 그럼 울 필요가 없어. 가난한 사람을 돕는 일은 굳이 생화학자가 되지 않고도 할 수 있어. 너는 오늘 케임브리지 생화학도를 통해 가난한 사람을 돕는, 그저 단 하나의 길을 잃은 것뿐이야. 그런데 왜 울고 있지? 네 꿈이 사라진 것도 아닌데 말이야' 엄마의 말에 용기가 났죠!"

나는 소름이 돋았다. 어떻게 그렇게 조언할 수 있을까?

"그렇게 공부해서 잘도 가겠다. 케임브리지가 누구네 애 이름이야? 매일 밤을 새도 부족해!"

에스더는 비난과 힐난이 아니라 진심으로 격려하는 엄마의 모습에 인생을 바꿀 수 있었다고 했다. 대단한 부모는 역시 달랐다.

2. 아이를 다른 시선으로 바라보았다.

부산의 천재 소년 엄마를 만났다. 아이는 13살에 영재 학교에 입학하고, 15살에 카이스트에 입학했다. 엄마는 평범한 자신과 남편 사이에서 천재가 나올 거라고는 상상도 못했다고 했다. 초등학교 1학년, 머리는 뛰어났지만 유연함이 부족했던 아이는 친구들과의 생활에 적응을 하지 못해 자폐아로 낙인찍혔다. 전학을 가거나, 엄마가 함께 등교해 아이를 돌보라는 학교의 요구에 6개월간 함께 등교해야 했다. 엄마는 학교생활을 지켜보면서 아이의 눈높이를 알게 됐다.

한 친구가 와서 아이에게 말을 걸었다.

"우리 어제 새 냉장고 샀다. 물도 더 시원해."

"H_2O?" 아이가 되받았다.

"아니 물, 물이 더 시원하다고!" 아이의 친구 목소리가 높아진다.

"그러니까 H_2O잖아." 아이의 목소리도 덩달아 올라간다.

몇 번을 티격거리다가 아이는 친구의 가방을 냅다 창밖으로 던져버렸다. 머리가 좋았지만 배려심이 부족했던 아이는 결과만 두고 선생님께 야단을 들었던 것이다. 고민 끝에 검사를 해보니 전국 0.1%의 수재로 판명되었다. 아이를 보는 시선이 달라지니 엄마의 육아태도까지 달라졌다. 어제까지는 문제였던 아이의 행동이 오늘은 이유 있는 행동이라고 이해가 되었다. 엄마는 깨달았다고 했다. 아이를 바라보는 엄마의 시선이 아이를 다르게 키운다고 말이다.

3. 아이가 궁금해하면 맞장구로 관심을 보였다.

한 영재 아이의 엄마는 《경제학대사전》,《생물학대사전》,《의학대사전》,《국어대사전》 등 두께를 가늠하기 힘든 대사전들을 거실에 펼쳐두고 함께 궁금증을 푸는 즐거움을 누렸다고 했다. 휴대폰이나 컴퓨터 한 대만 있으면 인터넷 검색으로 다 끝나는 일이지만, 함께 사전을 뒤지겠다는 그 노력이 아이의 호기심을 배로 키워 나갔다. 아이가 이유를 물을 때 "이따 찾아보자. 네가 찾아봐!"가 아닌 "함께 찾아볼까?"라는 관심은 아이를 행복하게 만들고 관심을 확장시킨다.

연세가 지긋하셨던 아이의 50대 담임선생님은 이런 조언도 해주셨다.

"신기하죠? 학교에 오래 있다 보니 교탁에 앉아서 아이들 노는 것만 봐도 미래가 보입니다. 그 느낌은 늘 적중하죠. 학교에서 잠깐씩 보는 저한테도 보이는데 엄마들이 안 보인다고요? 안 볼 뿐이에요. 보고 싶은 걸 보고 있겠죠.

수학 공부를 하다 말고 돌아다니면서 참견하는 애들이 있어요. 제 문제나 풀지 싶다가도 사교성 하나는 좋다고 생각하는데, 엄마들은 그저 내 아이가 수학을 끈기 있게 못한다고 속상해할 뿐이죠. 어떤 능력은 수학을 푸는 능력보다 소중해요. 가만히 들여다보세요! 엄마가 제일 잘 볼 수 있어요. 보려고 노력하면 말이죠."

내 아이의 숨은 능력을 제대로 봐주고 키워줄 단 한 사람, 그것이 바로 엄마다.

Point
아이는 모두 어떤 세계의 영재다.

의욕을 샘솟게 하는
초긍정 공부 자극법

공부에 대한 인식을
서서히 바꾸어 주자

여름휴가를 위해 가족들과 비행기를 탔다. 외국 국적기였지만 승객의 90% 이상이 한국인이었다. 홍콩을 향하던 중에 태풍으로 문제가 생겼는지 비행기가 요동치며 객석이 동요했다. 이어지는 승무원의 어색한 한국말이 들렸다.

"영어 잘...하는 한국인 있나요? Please!"

외국 국적기의 승무원은 어설픈 한국어로 간절하게 호소했다. 승무원의 호소가 두어 차례 이어지더니 이번에는 조종실에서 부기장까지 나와 한국어로 호소한다.

"영어 잘하는 한국인 찾습니다. 영어 잘하시는 분!"

심각한 상황인 게 분명했다. 어쩌지 어쩌지를 속으로 외치고 있는 그 순간, 동요하는 객석에서 머리가 허연 한국인 노신사가 일어났다. 그리고 앞으로 다가가더니 부기장과 유창한 영어를 주고받고는 한국인 탑승자들에게 통역을 해주었다.

"좀 심각한 상황이라고 하네요. 지금 태풍 때문에 홍콩에 도착할 수가 없다고 합니다. 상황이 급해서 대만에 불시착을 해야 한다는데 대만에 도착하면 오늘 묵을 최고급 호텔도 제공하고 저녁 식사도 최상으로 제공한답니다. 불안해하지 마시고 안내에 따라달라고요."

유창한 영어 솜씨의 한국인 노신사 덕분에 비행기 안의 소란은 정리되었다. 초조한 마음으로 지켜보던 우리 아이들이 소곤소곤 난리가 났다.

"와! 저 할아버지 완전 멋져요. 영어 정말 잘해요. 엄마, 우리 목숨을 구한 거지요? 나도 영어 정말 잘하고 싶다. 저렇게 멋있게 사람들을 도와야지."

아이들은 영화 한 편을 본듯 들떠 있었다. 시키니까 그냥 해야만 했던 영어가 이렇게 현실에서 필요할 줄은 상상도 못했을 것이다. 뮤지컬과 영화로 아무리 재미있는 방식으로 만난다 해도 영어는 그저 남의 나라 언어일 뿐 머리 아픈 과목이었다. 그랬던 아이들의 입에서 영어를 잘하고 싶다는 탄성이 쏟아졌다.

비행기의 위험으로부터 사람들을 안전하게 구해낸 슈퍼맨의 모습에 영어를 공부가 아닌 누군가를 돕는 대단한 도구이자, 위기에서 구해줄 수 있는 수단으로 인식하게 된 것이다.

솔직히 책상에 앉아 그 딱딱한 지식을 읽고 외워야 하는 공부가 마냥 즐거운 아이들이 몇이나 될까? 아무리 좋아하는 과목이라고 해도 점수를 올려야 하고 끊임없이 경쟁해야 한다면 공부는 즐거움이 아니라 괴로움이 된다. 우리 역시 혼자서는 쉽게 만들던 김치찌개를 누군가 지켜보는 앞에서 만들고 순위를 매긴다면 왠지 손이 떨리고 긴장되지 않겠는가.

왜 해야 하는지, 무엇 때문에 해야 하는지 스스로 목적의식을 가질 수 있도록 아이와 소통하며 끊임없이 대화하자. 아이와 공부에 대해 이야기를 나누고 '목표를 갖게 하는 일'은 기본 중의 기본이다.

혹자는 공부도 재능이라고 말한다. 맞다, 비범한 머리를 가진 넘사벽의 아이들이 종종 열심히 노력하는 아이들의 기를 죽이기도 하지 않는가. 세상이 달라졌다고 말하면서도 대한민국의 아이들에게 공부는 재능과 무관하게 무조건 넘어서야 할 당연한 '장애물 넘기'다. 버텨내야 다음 단계로 넘어간다. 어차피 피할 수 없다면 생각을 바꿔보자. 조금이라도 공부하는 시간을 즐겁게 만들어보자. 버티는 공부가 아니라 관계 있는 것과의 줄긋기를 통해 관심부터 키워보는 것이다.

공부하는 시간을 즐겁게 만드는 법

1. 재능 있는 분야를 발견하고 오감으로 접하게 한다.

평소 말하기를 좋아하는 아이라면 영어 단어를 하루에 100개씩 무조건 암기하는 방식이 아니라, 아이가 좋아하는 음악, 애니메이션,

게임, 유튜브, 드라마, 영화 등의 방식으로 먼저 영어를 만나게 하자. 이때 지겨움을 이겨내도록 아이가 좋아하는 장르를 먼저 찾아보는 것이 좋다.

2. 책이 아닌 실물로 체감하게 한다.

과학을 요리로 배운다면 어떨까?《요리로 만나는 과학교과서》를 쓴 이영미 작가와는 평소 친분이 두텁다. 두 딸과 요리를 하면서 과학적 원리와 개념을 쉬운 언어로 설명한 이 책은 스테디셀러다. 과학 교사인 그녀는 요리를 정말 좋아한다.

팝콘, 카레라이스, 잡채, 볶음밥 등의 요리를 통해 상태 변화와 에너지, 질량과 무게, 부피, 끓는점, 압력, 밀도, 세포 구조와 세포 분열, 관성 등에 대해서 알려주고, 요리도구인 랩, 녹슨 은수저, 숟가락, 고무장갑 등에서 정전기, 산화, 빛의 굴절과 반사, 피부 등에 대한 알토란같은 과학 지식을 알려준다. 책을 읽다 보면 우리 생활 곳곳에 과학적 원리가 이렇게나 많이 있었나 감탄할 정도다. 때론 샌드위치를 만들면서 삼각형과 황금 분할을 알려준다. 눈으로 보는 공부가 아니라 온몸으로 체감하는 공부는 즐겁다.

3. '보상'이라는 도구를 적극적으로 활용하자.

오래 앉아 있지 못하는 아이가 10분 만에 움직이기 시작하면 "그럼 그렇지. 10분을 못 넘겨?" 힐난할 것이 아니라 "와! 10분이나 책을 읽었어?" 칭찬부터 해보자. 아이는 머쓱하면서도 기분이 좋아 다음에는 5분을 더 늘리고 자랑할 것이다. 시간을 더 늘렸다면 용돈을 주어 자신을 위한 작은 선물을 사게 하자. 작은 기프티콘 하나로도 얼마나 보람을 느끼겠는가.

보상받을 자신의 즐거운 모습을 상상하는 것만으로도 두뇌 속에는 도파민이나 세르토닌 같은 행복 호르몬이 발산된다. 공부에 대한 부정적 경험이 각인된 두뇌는 자꾸 짜증 나는 기억을 떠오르게 하겠지만, 반대의 경우라면 상황이 다르다. 점점 발전해 30분씩이나 앉아 있었다면, 30분에 상응하는 게임 시간을 베풀어보자. 1시간을 공부한 아이에게는 더 큰 선물을 주자. 공부시간이 지겨운 버티기가 아니라 더 큰 보상을 받을 기회라고 생각할 수 있다. 공부에 대한 인식을 서서히 바꾸어주자.

Point
책상에 앉기 전에 지식을 온몸으로 체험하게 해주자.

폐인 데이: 공부의 피로를 풀고 재충전하는 날

그토록 원하던 학교에 입학한 둘째 아이에게 공부하기 싫을 때는 어떤 생각으로 버텼느냐고 물었더니 주저 없이 이런 말을 했다.

"엄마, 폐인 데이廢人 Day가 있었잖아요! 형이랑 난 시험 때마다 폐인 데이를 얼마나 기다렸는지 몰라요. 시험범위가 너무 많아서 한숨이 나올 때면 언제 이걸 다 하나 짜증이 나다가도 항상 둘이 그런 얘기를 했어요. 조금만 참자. 곧 폐인 데이야. 이번 폐인 데이에는 뭐 할까? 그 생각을 미리 하면 힘이 나더라고요. 견딜 만했어요."

잊고 있었다, 보상심리를 이용한 특별한 시간! 우리 집에는 내가 만든 폐인 데이가 있었다. 폐인 데이는 시험이 끝나면 말 그대로 쓸모없는 사람, 아무것도 안 해도 되는 '폐인'이 되는 날이다. 밥도 안 먹고 온종일 만화책을 봐도 게임을 해도 나무라지 않는다. 학원을 빼져도 햄버거나 치킨, 피자를 시켜 밥을 걸러도 그냥 둔다. 그렇게 간절하게 원하는 걸 하도록 놓아주는 날, 그것이 폐인 데이였다. 시험 공부한다고 참고 고생한 아이들에게 원하는 대로 보상을 주겠다는 마음으로 폐인 데이를 제안했는데 아이들의 반응이 뜨거웠다. 아이들은 항상 시험 전에 각자 시간을 정했다.

"엄마, 저는 이번 시험에는 3일 폐인 데이 할래요."

"저는 4일 해도 될까요?"

시험이 끝나면 아무런 간섭 없이 자유를 만끽하며 폐인의 생활을 즐겼다.

이 폐인 데이는 나름의 철칙이 있었다. 어떤 일이 생겨도 변함없이 약속을 지켜준다는 것이다. 하고 싶은 대로 하라고 했다가도 꼭 가야 하는 학원만 다녀오라거나, 집안에 일이 있으니 게임은 나중에 하라는 등의 이유는 절대로 붙이지 않았다. 어떤 평계도 대지 않고 약속은 반드시 지켜주었다. 그런 마음으로 약속을 굳게 지켰더니 폐인 데이를 기다리는 아이들의 학습 효율성이 한결 높아진 것이다.

그러다가 '한 달을 달라고 하면 어쩌지?' 미리 걱정할 필요는 없다. 아이들도 상식적인 시간을 요구하기 때문이다. 아이들의 학습에 폐인 데이라는 보상이 큰 도움이 되었다는 걸 나중에야 아이들의 말을 통해 알게 되었다.

이때 보상은 철저하게 지켜져야 지속성도 갖게 된다. 숙제를 미루는 아이에게 숙제를 먼저 하면 게임 시간을 늘려주겠다고 약속했다면, 마음이 불편해도 반드시 지켜야 한다. 약속이 깨졌을 때 경험한 상실감과 절망감이 쌓이면 부모에 대한 신뢰도 깨지면서 차후에는 어떤 일에도 의심부터 하게 된다.

보상의 간단한 원칙을 보자. 평소 내 아이의 집중력이나 태도를 판단해서 제대로 집중할 수 있는 시간을 계산해본 뒤 최대치인 집중력을 발휘한 후에는 노력한 것보다 20% 정도를 더 얹어서 보상해주자. 아이도 의아할 것이다.

"어? 노력은 100인데, 왜 120을 보상해주지?"

사실 보상을 많이 주면 부모는 불안하다. 공부할 시간을 뺏긴다고 생각하기 때문이다. 그러나 아이가 초등학교 저학년이라면 보상에 대한 체험만큼 동기를 강화시키는 것도 없다. 1시간 공부했다면, 1시간 20분의 휴식 시간을 주자. 이런 일이 반복되면 주어진 자유 시간을 획득하기 위해서라도 1시간의 공부에 오히려 더 밀도 있게 몰입하게 될 것이다.

공부시간이 무조건 길다고 효율성을 장담할 수 없지 않은가. 5시간 공부하고 30분만 쉬라고 하면, 5시간을 대충대충 건성으로 딴청 피우면서 공부할 것이다. 하지만 보상이 충분하다고 느끼면, 집중시간도 점차적으로 늘어난다.

아이나 어른이나 똑같다. 시험기간에는 왜 그렇게 영화가 보고 싶고 다른 일이 하고 싶을까? 못한다고 생각하니까 괜히 더 간절해지는 마음을 누구나 이해할 것이다. 스스로 정한 시간을 채워 공부했다면 가고 싶어 하는 콘서트를 보내준다거나, 영화를 한 편 보게 해주겠다고 약속하는 것이 오히려 공부의 집중력을 높인다.

이때 주의할 것은 부모의 태도다. '콘서트를 보고 와서 공부한 걸 다 잊어버리면 어떡하지? 괜히 자꾸 간다고 하면 어떡하지?' 미리 걱정부터 하지 말고 아이를 믿어주자. 걱정에 찬 눈빛만으로도 아이들은 불편하다.

"딱 이번 공연만 가는 거야." 대신 "재밌게 잘 보고 와!"라고 어깨를 두드려주자.

"딱 10분만 더 하는 거야." 대신 "10분쯤 더 해도 좋아!" 쿨하게 시간을 주자.

보상을 줄 때는 절대 조건이나 단서를 달지 말자.

"다른 애들 공부하는데 특별히 놀게 해준 거니까 오늘은 더 열심히 해야 돼."

울며 겨자 먹기 식의 억지 보상은 아이도 즐겁지 않다. 기왕 풀어준다면, 기꺼이 더 유쾌한 말로 격려하자.

우리는 흔히 어떤 일을 할 때의 동기를 '내재적 동기'와 '외재적 동기'로 나눈다. 일 자체를 위해 하는 걸 '내재적 동기'라 하고, 목적에 대한 수단으로 하는 걸 '외재적 동기'라 하는데, 스스로 하고 싶은 내재적 동기가 쌓여야 외재적 동기도 쉽게 받아들여진다.

하고 싶어서 스스로 공부하는 것은 내재적 동기이지만, 엄마의 잔소리로 억지로 책상에 앉았다면 외재적 동기로 움직인 것이다. 최상위권의 아이들은 내재적 동기로 공부에 흥미와 호기심을 갖는 경우가 많다. 그래서 성적이 잘 나올 수밖에 없다.

내재적 동기를 갖도록 하기 위해 선물이나 칭찬 같은 보상 또는 체벌과 야단 같은 통제로 외재적 동기를 부여하지만, 보상과 통제가 강해지면 외재적 동기는 내재적 동기로 옮겨가기 힘들다. 특히 학습의 경우는 무엇보다 내재적 동기가 완성되어야 지속적으로 결과물을 만들어낸다.

누구나 처음부터 전 과목을 잘할 수는 없다. 한 과목만이라도 우수하다면 그것이 동기가 되도록 칭찬하고 키워주자. 칭찬이라는 외재적 동기가 스스로 두 번째 과목을 공부하는 내재적 동기로 발전하게 되는 이치다. 누구나 자신이 받은 보상의 달콤함을 잊지 못한다. 나이가 어릴수록 공부를 할 때는 적극적인 보상이 필요하다.

Point
적극적인 보상이 꾸준한 학습 태도를 만든다.

능력에 맞는 계획표로
성취감 맛보기

과학영재원을 당연하게 준비하고 다녔던 첫째 아이와 달리 둘째 아이는 수학과 과학에 흥미가 없어 보였다. 형이라면 자다가도 벌떡 일어날 정도로 우애가 좋으면서도, 형만큼 칭찬받기를 늘 원해서 그랬는지 형이 안 하는 것에 더욱 몰두했다. 수학과 과학이 아닌 영어였다. 조리 있게 말도 잘하고 사근사근한 성격으로 대인관계가 좋은 둘째는 영어를 공부가 아니라 사람들과 만나는 대화의 창구라고 여겼다. 이런 접근 방식 때문인지 영어를 공부로 인식하는 첫째 아이보다 능력이 앞서갔다.

　성향이 다른 두 아이는 각자 좋아하는 분야를 찾아 각기 다른 활동에 참여했다. 첫째 아이는 수학경시대회나 발명대회, 과학 캠프

등에 주목했고, 둘째는 영어 스피치 대회나 각종 캠프, 기자 활동, 국제행사나 봉사활동 등에 활발히 참여했다.

수학, 과학만 좋아하는 첫째 아이의 학습 편식이 걱정되어 역사와 논술을 강제로라도 시켜야 하나 고민했지만 잘할 수 있는 분야에 먼저 흥미를 갖는 게 우선이라고 생각했다. 역시 생각처럼 학년이 올라가면서 역사와 논술에 자연스럽게 흥미를 가졌다. 아이의 흥미와 눈높이에 맞는 대외활동을 찾아보는 일은 학습에도 효율적이었다.

흥미의 분야도 그렇지만 학습의 양도 그렇다. 주위에 보면 학습지의 양을 정해놓고 엄마와 전쟁을 벌이는 아이들이 많다. 하루에 해야 할 양을 미루고 미뤄서 결국 엄마의 잔소리를 듣고 눈물바람으로 후다닥 학습지를 해낸다. 이런 공부가 얼마나 도움이 될까? 게을러서 안 하는 걸까? 관심이 없어서 안 하는 걸까? 청개구리처럼 시키니까 하기 싫은 걸까? 모든 이유가 다 해당될 것이다.

그러나 조금 다르게 생각해보자. 할 수 있는 능력을 넘어서면 아이나 부모나 먼저 지쳐서 아무런 도움도 되지 않는다. 아이의 능력에 맞도록 학습량을 조절해주는 것이야말로 공부를 좀 더 익숙하게 만드는 기본 습관인 것이다.

방학기간에는 아침에 출근하기 전에 두 아이와 함께 오늘 할 일을 정리해보는 짧은 시간을 가졌다. 2권의 노트를 마련하고 표지에 각자의 이름을 적었다. 그리고 엄마의 간섭이나 강요 없이, 스스로 하루에 할 일들을 생각하고 정리하게 했다.

첫째 아이: 문제집 2장, 수학익힘책 3장, 레고 30분, 게임 30분

둘째 아이: 문제집 2장, 영어 소설책 읽기 2장, 만화책 읽기 1시간

곰곰이 생각하면서 아이들은 자신들의 능력에 맞게 할 일을 정리한다.

"조금 더 해야지. 이만큼 해가지고 실력이 늘겠어? 방학숙제는 빨리 해놔야지. 바이올린 연습은 언제 하려고? 독후감은 썼어?"

이렇게 엄마의 계획대로 채근하면 그때부터 아이의 머리는 뒤죽박죽이 되고 만다. 공부 분량을 원하는 만큼 스스로 정하도록 두었다가 일주일에 한 번씩 점검하면서 학습량을 조절해준다. 능력에 버거워서 자꾸 밀린다면 학습량이 많은 것이다. 일단 세워둔 계획을 확실히 실행하는 것이 목적이다. 해낼 수 없는 벅찬 학습량으로는 결코 성취감을 맛볼 수 없다. 한 걸음 한 걸음 능력껏 채울 수 있도록 유도하는 것이 중요하다.

인터넷 레시피를 보고 처음으로 만들어본 메뉴인데 정말 맛있는 경우가 있다. 이때 느낀 성취감은 자꾸 요리를 하고 싶게 만든다. 그러나 매일 해야 되는 밥과 반찬을 만들 때는 즐겁지 않다. 부담스러운 학습량을 다 해내지 못한 열패감이 반복되면 상처는 회복하기 어렵다. 사소한 성공이라도 성취감을 맛보는 순간, 그 다음 단계가 쉬워진다. 스스로 선택한 학습량이 부족해서 훈수를 두고 싶어 안달이 나도 일단 참아보자.

미국에 도착해 학교에 첫 등교하던 날, 둘째 아이는 사색이 되어 돌아왔다. 미국인 담임선생님의 말이 너무 빨라서 하나도 알아들을 수 없다고 했다. 한국에 있는 원어민 선생님들은 한국 아이들에게 맞춰 천천히 이야기하셨는데 미국 선생님은 너무 다르다는 것이었다.

웃음이 났다. 당연한 일 아닌가. 미국에서 영어는 외국어가 아니라 모국어인데 그들이 아이들을 배려해 천천히 말할 이유가 없다. 아이가 학교에 가는 일을 두려워할 것 같아 곰곰이 생각하다가 노트 2권을 준비해 주었다. 둘째 아이의 능력에 맞는 영어공부법을 실천해보기로 한 것이다. 두 아이에게 노트를 1권씩 나누어주고 당부했다.

"자, 똑같은 단어를 몇 번씩 반복해도 좋고, 같은 내용을 몇 줄씩 써도 좋으니 오늘부터 이 노트에 하루 5줄씩 영어일기를 쓰는 거야."

5줄이라니 쉬워 보이는지 금세 수긍을 했는데, 매일매일 여러 질문이 날아왔다.

"엄마, 정말 똑같은 문장 두 번 써도 돼요?"

"아, 오늘은 쓸 게 없어요. 어제랑 똑같아요."

"오늘 있었던 일은 너무 복잡해서 영어로 어떻게 써야 할지 모르겠어요."

정말 어려워서인지, 하기 싫어 꾀를 내는 건지 처음에는 그저 노트에 몇 줄이 채워져 있었는데 날이 갈수록 영어 일기장은 달라지고 있었다. 몇 개의 단어들이 자연스러운 문장으로 연결되기 시작했다. 단문이 장문으로 늘어났다. 반복되던 단어가 다른 단어로 변화를 맞이했고, 초급 수준의 단어들이 제법 무게를 가지기 시작했다. 반가운 변화였다.

아마 처음부터 영어 일기를 한 장 빼곡하게 쓰라고 했다면 매일 잔소리와 윽박지름의 연속이었을 것이다. 아이들은 능력에 벅찬 그 일이 끔찍했을 거고, 나 역시 실랑이를 벌이며 진즉 나동그라졌을지도 모를 일이다. 능력과 수준에 맞게 시작한 5줄 일기는 어느 날 반 페이지가 되고 한 페이지가 되며 아이들의 즐거운 미국 생활을 채우고 있었다.

어떤 학습이든 내 아이의 능력에 맞는 일이 우선이다. 아이의 능력치를 다른 아이와 비교해서는 절대 안 된다. 능력에 맞는 계획표를 세우도록 하고 별것 아니더라도 성취를 맛보게 하자. 속도가 붙으면 어디에서도 흔들리지 않는 아이의 진짜 실력으로 굳어진다.

Point
사소한 성취감이 스스로 책을 펴게 한다.

학교에서 공부를 안 하면
학원에서도 안 한다

학교에서 대놓고 자는 아이들이 있다. 학원 가서 수업하려면 학교에서 자둬야 한다는 논리다. 그러나 정작 학교에서 안 하는 아이가 학원에서는 잘할까?

둘째 아이의 고등학교는 천안아산역에서 차를 타고 한참을 더 들어간 곳에 있었다. 공주 시내에서도 뚝 떨어져 있는 곳에 진학한 후 학원의 도움 없이 고교 생활을 보냈다. 학교 선생님들의 좋은 수업이 기본이 되었다. 또한 방학이면 후배들을 위해 기꺼이 학교로 찾아와 수학을 가르쳐주는 선배들에게 부족한 부분을 채울 수 있었다. 인터넷 강의도 한몫했다. 높은 수능 성적의 비결을 물으니 학교 내신을 잘 받으려고 노력한 것이 결국 수능 성적이 되었다고 말했다.

사실 성적에 신경 써야 하는 학년이 되면 학교 수업만으로 좋은 성적을 낼 수 있을까 걱정이 된다. 부족한 부분은 학원에서 선행도 하고 보충도 해야 경쟁에서 앞서간다고 믿기 때문이다. 그런 이유로 소문난 유명 학원은 늘 문전성시다. 비싼 돈을 받는 만큼 책임지고 다 해줄 거라는 생각을 할 수밖에 없다.

중학생이 된 첫째 아이가 어느 날 이런 말을 했다.

"학원에 가면 다 열심히 공부할 거 같지만 아니에요. 앞에 앉은 아이 뒤통수만 쳐다보다 집에 오는 경우도 있어요. 학원만 가면 된다고 생각하는 건 엄마들뿐이에요."

가슴이 뜨끔했다. 나 역시 아이가 무엇 때문이든 힘들어하면 어느 학원을 보내야 할까? 이런 갈등을 한두 번 한 것이 아니기 때문이다. 그러나 학교에서 안 하는 아이가 학원에서는 열심히 한다는 이야기를 들어본 적이 없다.

학교 공부가 기본이 되게 하려면 어떤 태도를 가져야 할까? 학교와 선생님에 대한 철저한 믿음이 우선이다. 선생님을 좋아해서 해당 과목의 공부를 잘하게 되는 경우를 흔히 목격하게 되지 않는가.

초등 4학년인 둘째 아이는 담임선생님을 무척 존경했다. 선생님 말씀이라면 늘 귀를 활짝 열었다. 학교 규칙, 학습태도, 숙제 등 일러주시는 대로 예외 없이 해냈다. 선생님에 대한 믿음으로 초등 고학년 시절, 학습에 대한 긍정적인 태도를 키울 수 있었다.

학교와 선생님에 대해 아이가 가져야 할 태도는 무한한 믿음이며,

이는 매우 중요한 원칙이다. 이 원칙을 잘 지켜갈 수 있게 만드는 것이 부모의 태도다. 아이 앞에서 늘어놓는 선생님과 학교에 대한 험담은 아이의 학교생활에도 영향을 미칠 수 있다는 걸 명심해야 한다.

특목고 진학을 준비하고 있었던 둘째 아이가 중학교 3학년 첫 중간고사가 끝나고 집에 돌아와 영어시험지를 들고 씩씩거리며 반문을 했다.

"엄마, 제 답도 정답인 것 같은데, 선생님이 제 답은 틀렸대요."

아이가 내미는 시험지의 정답은 문제의 소지가 있어 보였다. 주변의 친한 외국인 친구를 10명이나 찾아 물었더니 아이의 답도 맞다고 답해주었다. 집에 돌아와 아이와 마주했다.

"엄마가 알아보니, 네 답도 맞는 답이래."

아이는 기뻐하며 환호성을 질렀다. 그러나 나는 차분하게 말을 이어갔다.

"그런데 넌 이 점수를 받을 수 없어."

엄마의 단호함에 항의를 가득 담은 눈에 눈물이 고였다.

"왜요?"

누구보다 욕심 많은 아이, 특목고 진학을 위해 1점이라도 더 받아야 하는 중간고사에서 점수를 잃고 싶지 않았을 것이다.

"선생님께서 채점하신 것만 정답이라고 하셨으면, 수업시간에 분명히 그렇게 가르치시면서 강조하셨을 거야. 그런데 너 안 듣고 있었구나. 학교는 왜 가지? 점수만 얻으려고 가는 건 아니야. 선생님께 가르침도 받고 친구들도 사귀고 수업시간에 성실한 태도도 배우려고 가는 건데 딴짓하고 있었다면 그 점수는 받을 수 없어. 엄마는 그렇게 생각해."

아이는 눈물을 뚝뚝 흘렸지만, 이내 고개를 끄덕였다. 첫 중간고사였으니 학년이 시작된 지 얼마 되지 않은 시점이었다. 만약 항의해 점수를 챙겼다면 아이는 1년 내내 선생님의 말씀을 불신했을 것이다. 내 생각은 단호했다. 아이의 선생님에 대한 믿음도 교육이라 생각했다.

시간이 지나 고등학생이 되어 기숙사 생활을 하는 아이에게서 전화가 왔다.

"중국어 선생님께서 제가 틀린 걸 맞다고 채점하셨어요. 엄청 망설이다가 중학교 때 생각이 나서 솔직히 말씀드렸어요. 시험지를 보여드렸더니 '아! 맞네' 하면서 -3점이라고 쓰고 점수를 깎으시는데 마음이 좀 아팠어요."

"주요과목도 아닌데 그냥 3점 더 받지 그랬어?"

내 말이 끝나자마자 아이는 난리가 났다.

"어떻게 그렇게 말씀하실 수가 있어요? 엄마가 이렇게 키우셨잖아요."

아이의 격한 항의에 나는 얼른 분위기를 수습했다.

"농담이야! 그 3점, 숨기고 받았으면 더 힘들었을걸? 난 치사해,

난 비겁해 하면서 말이야. 유혹에 안 넘어가고 당당하니까 어때 기분 좋지?"

아이들은 배운 대로 기억하고 배운 대로 행동한다.

학교 학습에 대한 신뢰로 기본실력을 쌓아야 학원에서도 스스로 부족한 부분을 챙겨서 얻을 수 있다. 기본을 놓치면 학원에서 스파르타식으로 배운다고 해도 몇 배의 시간이 걸려 고전을 면하기 힘들다. 기본 없는 선행은 무너지기 쉽다. 기본은 학교에서 다지자. 그 기본을 탄탄히 다지기 위해서는 학교와 선생님을 믿는 자세가 우선이다. 이 태도는 부모가 함께 만들어야 한다.

Point
학교에 왜 다니는지 이해해야 공부한다.

도서관 구석구석 활용법

요즘에는 동네마다 도서관이 넘친다. 예쁜 곳도 많다. 그런데 우리는 도서관 하면 '침묵'부터 떠오른다. 말도 못하고, 걸음걸이도 조심해야 하고, 다른 사람의 독서를 방해하면 큰일이라도 나는 양 들어서면 아무 소리도 내면 안 될 것 같은 불편함이 있다. 어떨 때는 도서관을 가는 건지 독서실에 가는 건지 헷갈릴 정도다. 그래서 도서관에 간다고 하면, 졸립고 힘들고 즐겁지 않은 공부부터 떠오른다.

도서관에 가면 왜 꼭 학습과 관련된 책을 봐야 하는 걸까? 아니다. 도서관에 가서 만화책도 볼 수 있고 영화도 볼 수 있다. 좋아하고 재미있는 책을 보고 좀 깔깔 웃다 온다고 해서 안 될 것도 없다. 도서관 100% 활용법을 다각도로 고민해보자. 도서관을 구석구석 잘 활용하면 학습에 기본이 되는 습관까지 키울 수 있어 좋다. 무엇보다 지역마다 무수하게 많아진 작고 작은 도서관들까지 있어 마음만 먹으면 도서관 활용법은 공부습관에 가장 빠른 실천의 장이 된다.

'책이 없는 궁전에 사는 것보다 책이 있는 마구간에 사는 것이 낫다'는 영국 격언이 있다. 책 읽는 습관이 공부하는 습관과 반드시 연결된 것은 아니지만, 공부하는 습관의 중요성을 말할 때마다 독서를 강조하는 이유는 독서가 공부의 기초체력이 되기 때문이다.

나는 아이들과 일요일마다 도서관에 놀러 갔다. '놀러 갔다'를 강조한 것은 마음자세가 그랬기 때문이다. 아침밥을 먹고 나면 자연스럽게 동네 도서관으로 향했다.

"도서관 가자!"

아이들은 신이 나서 뛰어나왔다. 공부를 하러 가는 게 아니다 보니 가는 길부터 즐겁다. 걸어서 20분 정도 걸리는 거리를 가는데 2시간이 넘을 때도 있었다. 가다 말고 동네 놀이터로 빠져 미끄럼틀도 타고 정글짐도 오르고 한참을 논다. 그러다가 다시 도서관으로 간다. 길거리 음식 몇 개를 사 들고 벤치에 앉아 끝말잇기 게임도 한다. 그렇게 한참 걸려 도착하면 어느 날은 들어가지도 못하고 다시 집으로 돌아갔다. 도서관 가는 길은 즐거움이라는 것을 가르치고 싶었다.

어린이 열람실은 알록달록 다채롭다. 각자 제가 좋아하는 책을 골라 오라고 하면 한가득 품에 안고 끙끙대며 아이들이 달려왔다. 읽는 건지 마는 건지 책만 쌓아놓는 둘째는 초고속으로 페이지를 넘긴 뒤 또 다른 책을 고르러 갔다. 하지만 첫째는 한 책에 빠지면 몇 번이고 다시 읽었다. 각자의 방식을 존중하고 아이가 읽어달라고 요청하기 전까지는 자유롭게 책을 보게 하였다.

그렇게 2시간 정도 책에 몰입해서 읽다 보면 점심시간이 되었다. 점심을 먹고, 책을 읽은 건지 책을 구경한 건지 3~4시간의 도서관 놀이 후 즐겁게 돌아온다. 이 방법으로 도서관에 대한 즐거운 기억을 남길 수 있었다.

도서관이 목적이 아니라 '도서관 가는 길이 목적'이었던 도서관 여행이 일요일마다 펼쳐졌다. 그런 사이 도서관으로 향한 걸음은 자연스러워졌고 주말마다 요일 행사처럼 굳어져 버렸다. 아이들이 초등학교 고학년이 되고, 중학생이 되어서도 독서실을 가본 적이 없다. 늘 놀이 삼아 다니던 동네의 공립 도서관이 아이들에게 공부방의 전부였다.

중학교에 입학하면서 학습량이 많아지자 주말이 되면 아침 일찍 일어나 도서관에 갔다. 아이들은 공부를 하고, 나는 도서관에서 소설책을 읽었다. 시험기간에는 도서관 앞 대기하는 줄이 길었다. 뜨거운 코코아를 마시며 이야기를 나누다보면 지루함을 견디기 쉬웠다. 긴 줄서기 끝에 좌석표를 받고 뿔뿔이 흩어져 제 자리로 가서 각자의 시간에 집중했다.

공부에 집중하는 아이들을 두고 점심 도시락을 만들러 집에 서둘러 돌아왔다. 상추에 밥을 넣고 뜨끈한 삼겹살 한 조각과 쌈장 한 술을 톡 얹으면 아이들이 제일 좋아하는 삼겹살 상추 도시락 완성이다. 여기에 과일 몇 조각 후다닥 잘라서 챙긴 뒤 도서관 옥상에서 점심 삼매경에 빠졌다.

도서관 가는 아이들을 따라가 읽고 싶은 책을 실컷 보는 재미에 빠졌다. 바쁜 생활 속의 달콤한 호사였다. 아이들은 엄마의 점심은 늘 감동이라고 말해주었다. 아이들이 좋아하니 점심을 준비하는 일은 자꾸 흥이 났다.

종종 공부를 하면서 아이들은 내게 문제를 내달라고 요청했다. 가끔은 책을 더 읽고 싶어 공부는 혼자 하는 거라고 핑계를 대다가도 공부하는 게 얼마나 힘들까 싶어 외면할 수가 없었다. 문제를 내주고 함께 정답을 체크하다 보면 공부의 지겨움을 조금은 덜 수 있었다. 이렇게 유쾌한 도서관 나들이의 습관으로 학습의 기본태도를 가르쳤다. 즐겁게 해내는 일은 자발적으로 소중한 결실을 얻게 한다.

Point
공부에 대한 즐거운 기억을 심어주자.

아이 앞으로
잡지 구독하기

아이가 초등학교 고학년이 되면서 먼저 고등학교를 보낸 선배가 학습에 대한 팁을 주었다.

"아이랑 같이 서점에 가서 아이가 좋아하는 잡지를 구독시켜줘. 자기 이름으로 매달 뭔가 오는 걸 좋아하더라고. 아이가 보고 싶어 하는 잡지 1권, 아이가 읽었으면 하는 잡지 1권 이렇게 2권을 정기구독해 주는 거야. 기다리는 즐거움도 있고, 꾸준히 보면 공부에 도움이 많이 되더라고. 오랫동안 한 분야의 잡지에 관심을 두었던 것은 상급학교 진학할 때 자기소개서에 자신이 좋아하는 분야를 쓸 때도 유용해!"

선배의 말을 듣고 그 길로 아이와 함께 서점에 들러 잡지를 고르게 했다. 과학을 좋아하는 첫째 아이는 과학 잡지 1권을 스스로 고르게 했더니, 다양한 책을 소개하는 논술 잡지 1권은 엄마의 선택을 받아주었다. 영어를 좋아하는 둘째 아이는 자신이 좋아하는 만화 월간지를 택했고, 영문 경제지 1권은 엄마의 선택을 받아들였다.

매달 자신의 이름으로 날아오는 우편물에 아이들은 애착이 많았다. 봉투를 뜯지 않고 아이 이름이 써 있는 그대로 책상 위에 올려주었다. 아이들 앞으로 올 우편물이 별로 없다 보니 스스로 봉투를 개봉하는 일도 소소한 즐거움이 되었다. 그리고 특정 분야의 유용한 지식으로 아이들의 학습에도 쏠쏠한 도움이 되었다.

그러나 이러한 잡지의 정기구독이 도움이 되려면 절대 하지 말아야 할 행동들이 있다. 먼저, 구독 잡지들을 꼼꼼하게 읽었는지 체크하는 것이다. 아이들의 학년이 높아지면서 잡지를 훑어볼 여유시간이 줄어든 후에는 목차를 보고 관심 있는 기사 한두 꼭지만 정독해도 그대로 두었다. 굵직한 제목들만 체크하는 것으로도 정기구독 잡지는 그 역할을 충분히 해주었다.

한번은 쌓여 가는 잡지를 보며 아이가 굉장히 미안해했는데, 점점 할 일이 많아지니 어쩔 수 없는 상황이었다. 돈이 아까워 구독을 끊어버린다거나 잡지가 그대로 쌓여 간다고 책망하지 않았다. 집중도는 반감되었지만, 몇 년을 꾸준히 구독한 잡지는 특정 분야에 대한 호기심을 유지할 수 있게 해주었다.

잡지의 성격상 화려한 색상의 삽화와 세련되고 수준 높은 그래픽은 어려운 내용을 쉽게 이해하도록 도와주었다. 또 잡지마다 눈길을 끄는 매달 특집 기사들을 고심해서 내놓는데 기사들의 제목만으로도 생각해 볼 수 있는 테마들이 되기도 해서, 시간이 없을 때는 기사의 제목만 보고 넘어가도록 했다. 타이틀만 보고 이야기 내용을 상상해보는 것만으로도 글쓰기 훈련이 된다.

특집 기획기사들은 신기하고 볼거리가 많았는데 새롭게 탄생한 이론들을 알 수 있고, 시류를 놓치지 않아 변화의 흐름도 알 수 있었다. 인터뷰나 관련 이슈의 글들을 통해 이야기의 소재나 주제를 생각해 볼 기회를 제공받기도 한다. 잡지는 단행본에서는 볼 수 없는 다양한 주제들이 많다. 특히 배경지식이 많이 쌓일수록 교과 목에도 흥미를 가질 수 있기 때문에 사고하는 습관을 길러주는 비결이 되기도 했다.

좋아하는 분야의 잡지들을 긴 시간 탐독하는 건 관련 분야의 배경지식을 쌓는 데 도움이 된다. 어린이 잡지는 무엇보다도 교과서의 학습 내용과 연계되어 있는 경우가 많아서 학습 효과에도 기대한 만큼 역할을 했다. 특히 기사 중에는 아이들의 눈높이에 맞춘 특화된 기사도 많아 여러 번 읽어도 전혀 지루하지 않고 재미있다.

논술 잡지도 많은 도움이 되었다. 좋은 학습 교재로도 활용이 되었는데 논술이나 구술을 어떻게 준비하고 풀어가야 하는지 관련 이야기가 많았고 이외에도 다양한 상식까지 넓혀 주어서 아이의 호기심을 자극했다. 관심 있는 기사 위주로 훑어보고 쌓아두었다가 방학이면 한꺼번에 보기도 했는데 시급성을 다투지 않는 잡지의 성격상 몰아 읽어도 아무런 문제가 없었다.

특히 사설이나 논술용 문항들이 많이 실려 있어서 잡지를 열심히 읽었던 것이 논술의 기초에 큰 힘이 되었다. 틈틈이 어휘와 단어를 다질 수 있는 코너도 있었고, 경제나 한자와 같은 어려움을 풀어주는 코너도 지루하지 않게 들어 있어 학습 효과도 있었다.

영화나 퀴즈와 같은 코너들은 아이의 머리를 식혀 주었다. 고전을 만화로 알려주는 코너도 있었는데 읽지 못한 책들은 여기에서 맛볼 수도 있었다. 토론을 중심으로 한 페이지에는 아이들의 눈높이에서 생각해볼 만한 주제들이 많이 나와 논술 대비에 안성맞춤이었다.

강조하지만 억지로 다 봐야 한다고 절대 부담을 주어서는 안 된다. 그러면 구독을 안 하느니만 못한 경험이 된다. 공부에 대한 관심과 자극을 끌어내기는 쉽지 않다. 그저 조금 더 지혜로운 방법으로 관심과 동기를 유발하는 일이 우선되어야 할 것이다. 잡지를 이용해 아이들의 호기심을 사로잡는 일은 매우 유용하여 실천할 만하다.

Point

아이가 좋아하는 잡지로 다양한 지식을 쌓게 하자.

미국 애틀랜타의
즐거운 영어 독서법

첫째 아이가 초등학교 5학년, 둘째 아이가 초등학교 3학년이었을 때 미국 애틀랜타에 거주했다. 당시 영어가 힘에 부친 아이들은 주말을 손꼽아 기다렸는데, 주말이면 동네 도서관에 가서 원하던 만화책을 실컷 볼 수 있었기 때문이다.

당시 한국에서 유행하던 일본 만화가 미국에도 영문판으로 나와 있었는데, 아이들은 익숙한 스토리와 그림에 단박에 빠져들었다. 둘째 아이는 훗날 그 만화의 대사 속에서 생활회화를 다 배웠다고 털어 놓았다. 영어책 외에는 별다른 선택지가 없다 보니 그나마 영어 만화책은 큰 위로가 되었다.

만화책을 열심히 탐독하더니 2주 정도 지나자 단문의 영어 동화책을 집어 들었고 한 달 뒤에는 《해리 포터Harry Potter》 시리즈와 같은 장문의 소설책을 집어 들었다. 아이들은 참 빨랐다. 신기하게도 한 달쯤 되니 영어로 잠꼬대를 시작했다. 영어로 바뀐 생활환경이 더할 나위 없는 영향을 미친 것이다. 그렇다고 그저 영어 하나를 위해 모두들 영어권 나라에 가서 살다 올 수는 없지 않은가. 무엇보다도 외국생활을 한 번도 안 하고 영어를 잘하는 아이들을 요즘은 흔하게 마주친다. 굳이 외국에서 사는 것만이 영어공부의 정답도 아니다.

영어방송국에 근무할 때 한국인들이 영어문법 공부하는 것을 보고 놀랐다는 외국인들을 자주 만났다. 자신들도 모르는 세세한 문법까지 한국인이 너무 잘 안다며 신기해했다. 우리는 지금도 영어에 있어 문법 때문에 골머리를 앓는다. 일본식 영어공부의 잔재이고 바꾸어야 한다고 말을 하면서도 변별력에 따른 높은 점수를 받으려면 방법이 없다고 한다.

아이들이 중학생이 되면 영어 내신점수 때문에 걱정이 시작된다. 오죽하면 초등 시절에 영어를 잘하던 아이가 중학교에 가서 점점 더 못하게 되더라는 얘기도 듣는다. 초등 시절에 그렇게 좋아하던 영어를 아주 싫어하게 되는 경우도 자주 볼 수 있다. 영어를 언어가 아닌 공부로 인식시키는 학습방식 때문이다. 하루에 수십 개의 단어를 외워야 하고 주어진 단어를 다 외우지 못하면 집에 보내지 않는다는 영어학원도 있다. 그러면서 아이의 영어가 팍팍 늘고 있다고 생각한다면 정말 오산이다. 그렇게 외운 단어는 의미 없이 쉽게 잊히기 때문이다.

아이의 영어공부 정말 어떻게 해야 할까? 일단, 점수를 위한 영어를 할 것인지, 언어의 도구로써 영어를 할 것인지 목적부터 정하자. 중등 시절 내신점수를 위해서라면 교과서를 통째로 외운다는 각오로 달려들어야 한다. 변별력 평가를 위해 시험은 치러야 하니 중등 영어에서 점수를 잘 받으려면 외우는 것은 필수 사항이다. 그러나 고등에서의 영어점수는 암기만으로는 부족하다. 영어에 대한 전반적인 이해가 필요한데 그 이해의 기초는 초등 시절 영어책 읽기로 쌓는 것이 가장 현명하다.

영어로 책을 읽는다는 것은 결국 영어를 언어로 이해하는 가장 빠른 길이기 때문이다. 그렇다면 영어책 읽기에 지름길이 있을까? 한국에서 아이들에게 읽힐 영어책을 골라줄 때는 먼저 수준부터 가늠한다. 독서 수준을 평가하는 지수로는 2가지 판단 기준이 많이 사용된다. 르네상스 리딩사의 AR^{Accelerated Reader}과 미국 메타메트릭스사의 렉사일^{Lexile} 지수다.

AR

독서 퀴즈 및 학습관리 프로그램으로 방대한 퀴즈를 제공해서 영어를 모국어로 하는 아이들과 전 세계 영어 학습자들을 테스트한다. 책에 대한 이해도, 핵심어휘, 목소리 녹음 등을 기준으로 각 레벨을 부여한다.

렉사일 지수

읽기 능력과 텍스트의 복잡성을 측정하는 프로그램으로 테스트를 한 후, 아이의 수준에 맞는 독서목록을 찾아주는데 거기에서 읽을 책을 고른다.

나 역시 이러한 방법으로 아이의 수준을 판단해 영어책을 고르게 하고 읽게 했다. 그러나 미국에 살면서 아이들의 영어 독서 과정을 보고 작은 깨달음을 얻었다. 담임선생님은 수업시간에 반 아이들이 흥미로워하는 소재의 동화를 매일 읽어주셨다. 영어의 실력이나 수준으로 고른 책이 아니라 그 또래 아이들의 흥미와 관심사로 책을 고르는 것이었다.

아이들에게 입소문난 책을 골라 읽어주니 실패할 일이 거의 없었다. 또래의 특성이나 관심사라는 게 대개는 비슷하기 때문이다. 인기 있는 책들은 서로 바꿔 보곤 했는데 스토리에 재미를 느끼니 독서의 묘미와 영어 문장의 이해력까지 얻게 되었다.

무엇보다 인상적이었던 건 수업시간에 한 살 어린 후배를 찾아가 책을 읽어주는 프로그램이었다. 미국인 소년은 동양 아이인 둘째 아이의 발음에 불만이 많았다고 했다. 그 태도에 화가 난 둘째 아이는 무시당하기 싫다며 매일 밤 열심히 동화책을 읽어 갔다. 스스로 해야 할 이유가 생기니 시키지 않아도 영어책 읽기에 열을 올렸다.

지금도 인상적으로 남아 있는 책이 있다. 아이들이 구구단을 모르는 담임선생님에게 구구단을 가르친다는 기발한 스토리다. 어떻게 하면 선생님에게 구구단을 가르칠 수 있을까에 대해 반 아이들이 모여 회의를 한다. 온갖 해프닝을 벌이며 이야기는 진행된다. 당연히 구구단을 알고 있는 선생님이었지만, 아이들의 학습을 위해 선생님은 모르는 척 시치미를 떼고 있다는 내용인데, 어른인 내가 봐도 재미있었다. 이러니 10살 아이들에게 인기가 있구나 싶었다.

영어책을 고르는 기준은 언어의 수준보다 또래의 흥미에 맞는 스토리가 더 관건이다. 공상과학이든 로맨스든 스포츠든 아이가 관심을 보이는 영역에서 책을 찾아주자.

아이들이 빠져들며 읽기 좋은 영어책

1. 초등학교 남학생의 좌충우돌 에피소드를 엮은 《윔피 키드Diary of wimpy kid》 시리즈

2. 《마틸다》와 《찰리와 초콜릿 공장》 등을 쓴 작가 로알드 달Roald Dahl 시리즈

3. 어드벤처 미스터리 소설 《39 클루스The 39 Clues》 시리즈

과학자이자 방송인인 빌 나이Bill Nye가 근육, 공룡, 행성, 화산, 에너지 등 다양한 과학 분야를 다룬 다큐멘터리 〈Bill Nye: The Science Guy〉는 한국에서도 볼 수 있다. 초등학교 5학년이었던 첫째 아이는 이 프로그램을 매우 좋아해서 자신의 영어 이름을 딴 〈Kenny: The

Science Guy〉라는 과학 영화를 만들어 조지아주 대회에 학교 대표로 참여하는 영광을 안기도 했다.

책의 내용을 마음에 들어 한다면 그 작가의 다른 작품을 골라주는 것도 좋은 팁이다. 영어 단어의 수준보다 스토리에 우선순위를 두자. 영어 독서에 한결 호기심을 보일 것이다.

Point
영어 실력보다 흥미로워하는 분야의 영어책을 고르게 하자.

10분의 차이가
기적을 만든다

모차르트Mozart와 안토니오 살리에리Antonio Salieri를 떠올릴 때마다 성공은 재능인가, 노력인가에 대한 의문이 풀리지 않았다. 미국의 심리학자 앤절라 더크워스Angela Duckworth는 다양한 분야에서 뛰어난 성취를 이룬 사람들을 대상으로 오랜 시간 추적 조사하여 〈그릿Grit〉을 집필했다.

그릿은 2013년 TED에서 처음 소개한 개념인데, 그녀는 이 책에서 성공하기 위해 가장 중요한 것은 IQ, 재능, 환경이 아닌 '실패에 좌절하지 않고 꾸준히 나아가는 끈기와 노력'이라고 강조한다. 남과 다른 단 10분의 노력, 그 간발의 차이가 쌓이고 쌓이면 결국은 대단한 차이를 만들어 낸다는 것이다. 사소한 10분의 차이는 공부에서도 기적의 성과를 낸다. 습관이 된다면 말이다.

아이들이 초등학교를 졸업할 때까지 나는 매일 밤 침대머리에서 책 읽기를 함께 해주었다. 아이들이 뽑아 온 한 권의 책을 적당한 분량으로 읽어 주었는데 아이들은 이 시간을 매우 좋아했다.

아이들은 일단 침대에 가장 편안한 자세로 눕는다. 하루 종일 보지 못한 엄마를 독차지할 수 있다는 위로를 받는다. 편한 상황에서 엄마의 느긋한 음성이 이어진다. 책과 엄마의 음성은 안정감을 위한 심리적 마취제 역할을 한다. 지식을 쌓거나 공부를 위해서가 아니라 함께한다는 안정감이 아이들에게는 압도적이다. 그날도 책을 열심히 읽어주고 있는데 첫째 아이가 눈을 말똥말똥 뜨면서 이야기했다.

"엄마, 제가 어떤 책에서 봤는데요, 매일 열심히 공부한 어떤 사람이 친구에게 져서 항상 2등을 했대요. 정말 열심히 하는데 왜 늘 2등을 할까 슬펐대요. 그러다 어느 날, 친구 집 앞을 지나가게 됐는데 깜짝 놀랐대요. 자기는 매일 11시에 잠이 들었는데 친구 방의 불이 11시 10분에 꺼지더래요. 그래서 며칠 동안 관찰했는데 매일 10분씩 더 늦게 잠을 자더래요. 10분의 힘이 정말 대단하죠? 저도 오늘부터 엄마가 읽어주고 나면 혼자 10분씩 더 읽을 거예요."

순수한 비장함이 대견하고 귀여웠다. 아이의 말에 더더욱 거를 수가 없었다. 아무리 피곤해도 피로함에 눈꺼풀이 감겨도 책 읽어주기는 건너뛰지 않았다. 그리고 매일 엄마의 책 읽기가 끝나면 아이는 딱 10분씩 더 책을 읽고 잠들었다. 얼마나 지속되었는지 기억은 잘

나지 않지만, 사소한 차이로 결과를 만들겠다고 실행에 옮긴 태도가 기특했다.

매일 읽어준 책이 학습에 기적 같은 결과를 가져올 수 있을까? '책 읽는 엄마'가 '책 읽어주는 엄마'가 되고 결국 '책을 읽게 만드는 엄마'가 된다는 것이 나의 확고한 신념이다. 평소 책을 읽지 않는 엄마는 '글자 읽는 엄마'가 될 수 있다. 아무 감정도 없이 내용 파악도 못한 채 글자만 읽어준다면 아이에게 무슨 감흥이 전달되겠는가? 유아기에 책과 교감을 많이 한 아이가 조금 더 자라서도 책을 쉽고 편안하게 받아들인다는 것은 누구나 알고 있는 사실이다.

아이들은 엄마의 목소리에 귀를 쫑긋 세워 듣는다. 어느 날은 너무 피곤해서 한 줄 건너뛰거나 내용을 좀 다르게 지어서 이어가면 금세 눈치를 챈다. "어? 어제랑 달라요" 하면 그 발견이 놀라울 지경이다. 아이에게 책 읽는 습관을 길러주고 싶다면, 그래서 학습에 도움을 주고 싶다면 꾸준히 책과 만날 수 있도록 책 읽어주기를 게을리하지 말자.

아이에게 책 읽어주기 팁

1. 골라 오는 책의 선호를 따지지 말자.

이 책은 이래서 안 되고 저 책은 저래서 읽어야 하고 엄마 눈높이에 자꾸 맞추려고 하면 아이들은 책에 대한 반감이 앞선다. '오늘도 엄마 혼자 좋은 놀이로 끝나겠지' 하는 속상함이 생겨서는 안 된다.

2. 정성스럽게 읽어주자.

아이가 어릴수록 많은 양보다 한 권이라도 정성스럽고 감동적으로 읽어주는 감정 독서가 중요하다. 엄마도 책을 읽으며 즐기고 있구나를 느끼면 아이는 책에 더 깊이 빠져들 수 있다.

3. 제대로 듣고 있는지 확인하지 말자.

"듣고 있어? 뭐라고 했지? 그림 보지 말고 내용을 들어야지!" 하면서 내용을 확인하지 말고, 책 속의 그림이나 다른 부분에 집착한다고 해서 야단치지 말자. 내용뿐 아니라 책 자체도 친숙해져야 하는 대상이다.

4. 흐름을 깨며 질문해도 받아주자.

열심히 감정을 섞어 읽어주고 있는데 계속 단어 뜻을 물으면 감정선이 끊어진다. "다 읽고 설명해줄게"라거나 "자꾸 끼어들래?"라고 면박을 주면 집중하지 못한다. 귀찮아도 공들여 설명해주자. 궁금증이 남거나 야단을 들으면 불쾌함이 남아 있어 건성건성 귀로만 듣는 시간이 될 것이다.

5. 성우 같은 꾀꼬리의 음성이 아니어도 상관없다.

아이는 전문 성우를 기대하는 것이 아니다. 친근하고 익숙한 엄마의 목소리에 취하고 싶은 것이다. 엄마만의 풍부한 감정표현으로 흥미를 유발시켜주는 것만큼 감동적인 것은 없다.

언제까지 책을 읽어주어야 하느냐는 질문을 많이 하는데 전문가들은 정확한 답은 없다고 한다. 아이가 원하고 엄마가 여유가 된다면 정해진 나이는 없다. 나는 초등 6학년 때까지 책을 읽어주었다. 글을 못 읽어서가 아니라 '엄마의 목소리'라는 정서적인 편안함을 주고 싶었다.

책을 읽어주는 시간은 매일 저녁 단 10분이어도 좋다. 10분이 쌓여 만드는 기적을 떠올리자. 의무감으로 많은 시간을 함께하는 것보다 적은 시간이라도 정성을 다하는 엄마의 자세가 아이들의 마음을 움직인다. 책을 듣는 습관이 책을 읽는 습관으로 흥미롭게 변화하면서 독서로 다져진 감성과 태도는 학습에 대한 집중력과 사고력을 키우게 될 것이다. 단 10분이라는 그 마법 같은 시간이 만들어내는 기적을 체험해보자.

Point
진심을 가득 담아서 책을 읽어주자.

목표가 생기면
공부하기 시작한다

마음먹고 연차를 낸 날, 앞집 엄마와 커피를 마시는데 전화가 걸려 왔다.

"엄마! 엄마! 빨리 교과서 좀 학교로 갖다주세요."

휴대폰에서 들려오는 앞집 아이의 목소리가 다급했다.

"뭐? 5학년이나 된 녀석이? 네가 알아서 해! 끊어!"

매정하게 전화를 끊는 그녀를 보고 궁금해서 물었다.

"왜? 뭐가 잘못됐대?"

"아니, 초등학교 5학년이나 된 녀석이 교과서를 다 놓고 갔대. 오늘 학년 첫날인데……."

"아유! 갖다주지. 얼마나 불안하겠어?"

앞집 엄마는 도리어 차갑게 날을 세웠다.

"그렇게 키우면 안 돼. 그러면 할 일을 더 안 해. 5학년이면 고학년이야. 뭐든 스스로 할 줄 알아야 공부도 알아서 하지."

소아정신과 전문의와 10년째 방송을 하고 있던 나는 상담시간을 손꼽아 기다렸다. 그리고 방송하러 온 전문의를 만나자마자 며칠 전 있었던 일에 대한 답을 다급하게 물었다. 집에 놓고 간 교과서를 갖다주는 게 맞나요? 안 갖다주는 게 맞나요? 선생님은 싱긋 웃으며 한마디로 상황을 일축했다.

"왜 정답을 찾으세요? 정답은 없어요. 단, 아이마다 다른 해답이 있죠!"

내성적이고 소심한 아이라면 일단 갖다주는 것이 해답. 새 학기 첫날부터 많은 아이들 앞에서 야단을 듣게 되면 1년 내내 트라우마가 길게 갈 수도 있단다. 그런 아이들일수록 일단 갖다주어서 위기를 모면하도록 한 다음, 다음부터는 잊지 말라고 따뜻하게 충고하면 내성적인 성향만큼 마음에 깊이 새기니 얼른 갖다주는 것이 돕는 일이다.

그러나 외향적이고 활발한 아이라면 안 갖다주어도 되는 것이 해답. 대개 외향적인 아이들은 대인관계가 좋고 상황 판단력이 빨라서 옆 반에 가서 빌려 오거나, 뒷자리에 앉은 친구의 책을 제 책상에 갖다 놓더라도 위기를 모면할 수 있다고 했다. 그리고 스스로 느낀단다.

'아, 안 챙기니 이렇게 힘들구나!'

그러면 다음부터는 꼬박꼬박 잘 챙긴다는 해석이다. 아이마다 다른 해답에 감탄이 절로 나왔다.

아이를 키우다보면 정답의 강박에 시달리게 된다. 어떤 방향으로 가야 할지 어떻게 상황을 풀어가야 할지 생각할 겨를조차 없이 일단 남들이 말하는 정답부터 찾는 것이다.

나의 어린 시절, 늦게 들어오시는 엄마가 "엄마 오늘 늦어! 아버지하고 밥 차려 먹어"라고 말씀하시면 일단 부엌에서 '생각'이란 걸 했다. 뭘 차려 먹지? 냉장고에 뭐가 있지? 반찬은 뭐가 남아 있지? 둘러보고 생각하면서 판단해 상을 차렸다.

요즘은 달라졌다. 일단 엄마의 지시가 너무 구체적이다. 생각하지 않아도 엄마는 다 알아서 세세히 지시한다.

"엄마 오늘 늦어! 아빠랑 저녁 먹어. 아빠한테 국은 데워달라고 해. 냉장고 두 번째 칸에 노란색 통이 하나 있거든. 생선 두 조각 있을 거야. 한 조각씩 꺼내서 전자레인지에 3분 20초만 데워! 지난주에 산 꽃무늬 접시가 찬장 아래에 있거든. 거기에 한 조각씩 덜어서 냉장실에 식초 간장 있지? 그거 찍어 먹어!"

생각할 겨를, 아니 필요조차 없다. 엄마의 지시를 따르면 모든 것이 순조롭다.

학습지 교사를 하는 친구는 수업을 끝내고 아이에게 "이젠 뭐해?"라고 물으면 백이면 백 "엄마한테 물어보세요!"라고 대답한다며 가슴 아파했다. 생각할 겨를 없이 시키는 대로 정답만 찾고 있는 것이다. 결국, 우리가 그렇게 키우고 있다.

시키는 대로 하면 되니, 아이들만의 목표가 따로 있을 리 만무하다. 게다가 엄마들은 무엇이 대세라며 줄줄이 정보도 물어다 준다. 앞으로 다가올 아이들의 미래 세상이 아니라 엄마들의 시대적 경험이 담긴 낡은 감성으로 아이들의 꿈까지 좌우한다. 아이들이 살아갈 미래가 아니라, 우리가 대신 살아줄 미래처럼 말이다.

우리의 생각대로는 살 수도 없는 변화의 시대에 일단 아이들에게 저만의 목표를 갖게 하자. 절실하게 필요한 일이다. 무엇이 되라는 지시가 아니라 아이 스스로 '매일의 목표, 한 달의 목표, 일 년의 목표'를 갖게 하자. 잘하는 것이 무엇인지, 하고 싶은 것이 무엇인지 생각할 겨를을 주자. 생각해야 목표가 생기고, 목표가 생겨야 구체적인 실행계획도 세울 수 있다.

미국에 살 때 아이의 수학공부를 도와주시던 대학원생 선생님이 있었다. 한국으로 돌아오기 일주일 전 아이에게 따뜻한 스웨터와 편지를 선물로 주셨다.

"선생님은 지금 박사과정을 밟느라 돈이 많이 들어가. 우리 딸을 봐주시는 장모님도 와계시고 공부하는 아내도 있어서 학비도 내야 하고 생활비도 많이 들지. 선생님 학교 바로 앞에 정말 먹음직스러운 스테이크 집이 있는데, 어느 날은 고기 굽는 냄새가 얼마나 좋은지 참기 힘들 지경이었어. 그런데 선생님은 그 고기를 사 먹을 돈이 없어서 매일매일 참고 그냥 집에 와. 그래서 슬프냐구? 아니, 슬프지 않아. 선생님한테는 그 스테이크를 마음껏 사먹을 수 있는 미래의 목표가 있기 때문이야. 원하는 목표를 이루고 일을 찾으면 가족이 다 같이 스테이크를 맛있게 사 먹을 거야. 세상에서 제일 불쌍한 사람이 누굴까? 목표도 없고 꿈도 없는 사람이야. 열심히 좋아하는 일을 하도록 기회를 주신 부모님께 늘 감사하고 너의 목표를 위해서 열심히 가려무나. 스스로 하고 싶은 걸 생각해내고, 자신만의 목표를 세우는 것처럼 대단한 일은 없단다. 멋진 꿈 이루고, 한국에서 꼭 만나자. 선생님도 꼭 꿈을 이룰게."

스테이크를 사먹지 못하는 선생님이 아쉬워서가 아니라, 목표를 가지라는 간절한 진심에 아이는 눈물을 쏟았다. 엄마인 나도 마음이 찡했다.

무엇을 하라고 지시하기 전에 공부하는 이유와 목표를 알게 하는 일, 스스로 목표를 갖는 일은 학습에서 매우 중요하다. 늦은 저녁까지 숙제를 마치고 문제집을 풀고 있는 아이에게 물었다.

"와, 숙제 끝내고 문제집까지 풀어? 오늘은 어디까지 할 계획인데?"

"2장이요!"

그 양이 마음에 차지 않아도 아이의 목표를 칭찬하자.

"대충 많이 하는 것보다 2장을 꼼꼼히 하는 것도 좋은 방법이야!"

칭찬은 아이를 춤추게 한다.

"내일은 좀 더 할 거예요." 아이는 긍정적으로 변화한다.

"2장? 할 때 더 하지. 하루에 10장씩 해도 한참 남는데?"라고 하며 아이의 목표를 무시하면 다음 목표를 세우지 않는다. 아니, 세우기 싫어진다. 사소한 목표면 어떤가. 목표 없이 시키는 대로 움직이는 것이 더 큰 문제 아닐까? 달성할 목표를 스스로 세울 수만 있다면 걱정은 접어도 좋다.

Point
지시가 아닌 스스로 목표를 세우게 하자.

가르치려 들기 전에
먼저 물어라

마트에서 장을 보고, 카페에서 차 한잔 마실까 들렀다가 의도치 않게 옆자리 가족의 대화를 듣게 됐다.

"있잖아요. 내가 엄마, 아빠를 위한 호텔을 몇 년째 구상 중이에요."

이제 한 10살이나 됐을까? 아이는 '구상'이라는 어려운 단어를 쓰며 부모의 관심을 기다리고 있다. 부모는 자신들의 대화에 몰두하느라 아이의 이야기를 전혀 듣지 않고 있다. 아이는 애타게 더 큰 목소리로 말한다.

"제 얘기 들어보고 싶지 않아요? 후회할 텐데……."

한참을 조르니 억지로 고개 돌린 엄마가 그제야 한마디 한다.

"됐어 됐어. 그만해. 얘는 정말 문과형이야, 문과형. 말이 많아."

아이는 실망한 얼굴로 입을 닫았다. 간절한 표정을 한 아이에게 면박을 주면서 외면해버린 냉정한 엄마의 태도에 나는 깜짝 놀랐다. 아이의 말문을 그렇게 닫아버린 엄마는 사람 말을 무시하는 '막무가내형' 아닌가? 게다가 말이 많아 문과형이라니, 이건 또 무슨 궤변인가?

아이를 키우며 범하게 되는 많은 잘못 중의 하나는 부모가 아이를 제일 잘 안다고 생각하는 것이다. 자신의 판단이 모든 일의 기준 잣대가 되는 것이다. 나 역시 예외가 아니었다. 아이의 특징을 제대로 파악하기도 전에 그러리라는 예단으로 결정했다. 그런 잘못들은 안타까운 결과들을 낳았다.

수학 선행이 오히려 아이가 수학공부를 하는데 더 먼 길로 돌아가게 했고, 강요한 영어문법 공부로 인해 오히려 아이를 영어에서 멀어지게 했다. 아이의 입장을 헤아리기보다 세상이 환대하는 쪽으로 내가 갈망하는 쪽으로 이끌며 아이를 위한 일이라고 스스로 위로했다. 지나고 보니 나의 오만한 판단들은 아이에게 종종 상처가 되었다. 그 잘못된 판단을 하게 만드는 자신감은 어디에서 나온 것일까?

이래서 문과형, 저래서 이과형, 이래서 의대를 가야 하고 저래서 외국을 보내야 한다는 부모들의 자기 논리와 성급한 마음이 아이들의 가능성이라는 싹을 싹뚝 잘라버리기도 한다. 아이들의 꿈은 무수하게 변할 수 있다. 세상을 알아가는 대로 꿈은 새로운 날개를 단다. 그럼에도 불구하고 현실의 입시에서는 오로지 변하지 않았던 꿈을 증명해야 더 좋은 생활기록부와 자기소개서를 만든다고 부추겼다.

중학교 2학년의 생활기록부에 쓰인 변호사의 꿈이 고등학교에 가서 역사학자로 바뀌면 문제가 생긴 것처럼 난리가 난다. 왜 진로가 변했는지 제대로 규명해야만 좋은 점수를 받을 수 있기 때문이다.

관심이나 생각 따위는 중요하지 않다. 모두가 원하는 건 꿈이나 진로와 상관없는 그냥 '명문대'다. 의대를 꿈꾸는 아이들은 모두 의료봉사 중 감동받은 에피소드가 있어야 한다. 법조인을 꿈꾸는 아이들은 불의를 보고 참지 못했던 에피소드가 두어 개쯤 있어야 한다. 생물학자를 꿈꾼다면 어린 시절 제인 구달^{Jane Goodall}의 책을 좋아했어야 마땅하다. 그래야만 점수를 받는 현실에서 아이들이 제대로 꿈을 찾기란 쉽지 않다.

사교육권에서 일하는 후배는 해마다 입시철이면 자기소개서를 첨삭 수정해 완성하는 일을 하고 있다. 입시철이면 돈벌이가 쏠쏠하다는 그 일을 하면 할수록 괴롭다고 속마음을 털어놨다.

"자기소개서를 그냥 다 알아서 써달라는 요청이 늘고 있어요. 어떨 때는 한 아이의 인생을 통째로 날조하고 있다는 생각이 들어요. 아무런 꿈도 없고, 의욕도 없대요. 대충 몇 가지 사실만 던져주고는 아이가 공부하느라 바쁘니 알아서 써달라는 엄마들도 계시거든요. 제가 드라마 작가도 아니고 당연히 죄책감이 들죠. 돈이 필요해서 하고는 있지만 오래는 못할 거 같아요. 양심에 찔리는 일이니까요"

공부를 잘하게 만들고 싶다면, 무엇보다 하고 싶은 일이 생기도록 적극 도와주어야 한다. 원하는 일이 있어야 의욕이 생기고, 그 의욕이 공부의 목표를 갖게 하니 말이다. 어떻게 도와주어야 할지는 아주 간단하다. 일단 물어보자. '어떤 꿈이 좋은 것'이라고 가르치기 전에 '꿈에 대해 생각해본 적이 있는지' 물어보자. 그저 원하는 꿈을 단순히 듣는 것이 아니라, 듣고 묻고 다시 듣고 물어야 한다. 그 과정이 반복되어야 아이는 꿈의 성취를 위한 공부를 계획한다.

"가수가 되고 싶다고? 그럼 가수 해!"가 아니라 "가수가 되고 싶어? 어떤 점이 너와 잘 어울릴까? 가수의 어떤 점이 좋아 보였어? 힘든 과정은 없을까? 그럴 땐 어떻게 극복할 수 있을까? 어떤 준비를 해야 그렇게 될 수 있지? 자, 그럼 무엇부터 준비해볼까?" 이렇게 질문은 끝없이 이어질 수 있다. 묻고 답하는 과정이 반복되면서 자연스럽게 아이의 관심을 지금 당장 해야 하는 학습과제와도 엮어 갈 수 있다.

"가수가 되려면, 악보를 볼 줄 알아야 하니까 악상 기호도 잘 알아야겠네. 악상 기호가 영어로 된 것들이 많은데, 자꾸 보면 별것 아니야. 엄마랑 한번 살펴볼까?"

자연스럽게 악상 기호에서 영어학습을 이끌 수 있다.

이처럼 관심 분야에서 출발한 학습은 부담 없이 즐길 수 있다. 만화를 좋아하는 작은아이는 만화로 된 수학책을 즐겨봤다. 어떨 때는 만화만 보는 건지, 거기에 나오는 수학공식도 보는 건지 궁금했지만 그냥 두었다. 자꾸 보다 보면 수학공식도 눈에 들어오겠지 싶었는데 기대가 들어맞았다. 좋아하는 만화책이니 몇 번씩 반복해 보면서 그곳에 나오는 수학공식은 기가 막히게 암기했다.

가르치기 전에, 무엇을 주입하기 전에 아이들에게 먼저 질문하자. 그것이 꿈이나 진로가 아닐지라도 먼저 물어보자. 단순한 수학 문제를 풀다가 막혔을 때도 물어보면 해결된다.

"이렇게 풀면 되잖아. 이렇게 쉬운 방법을 몰랐어?"라고 정답을 가르쳐주기 전에 "어느 부분이 어려운데? 어디에서 안 풀려?"라고 물어야 한다. 시간이 걸려도 참아야 한다. 시간과의 싸움만큼 아이는 성취감을 얻어간다. 물어야 이유를 생각하고 결국 이해하면 납득한다. 공부는 이유가 납득되어야 몰입할 수 있다. 스스로 납득하면 몰입은 순식간이다. 성적도 그때 확 오른다.

이오덕 동요제에서 화제가 되었던 〈여덟 살의 꿈〉이라는 노래는 많은 어른들을 반성하게 했었다. 초등학교 1학년이 불렀다는 노래에 많은 어른들이 부끄러움을 느꼈을 것이다. 가사는 '공부로 유명한 초, 중, 고를 거쳐 하버드대학을 졸업한 후 자신의 진짜 꿈인 미용사가 될 거다'라는 내용이다. 노래는 어른들이 가르치려 들지 않은 '진짜 아이의 꿈'을 얘기하고 있다.

후배에게 전화가 왔다. 중학교에 진학한 딸이 수학을 잘해서 시 영재원에 들어갔다며 자랑거리가 넘쳐나던 후배였다. 그런데 기대에 찼던 아이가 수업시간이면 머리카락을 잡아 뽑는다고 했다. 원형

탈모도 문제였지만 상처가 큰 듯했다. 어렵게 말을 꺼낸 후배의 마음이 이해되고도 남았다.

"잘 아는 소아정신과 있으면 소개 좀 해주세요."

착 가라앉은 목소리를 들으니 마음이 편치 않다.

"영재원에 안 가도 된다고 그렇게 말했는데, 자기가 꼭 가고 싶다더니 스트레스 받나 봐요. 아이를 좀 치료해야 될 거 같아요."

마음 아프지만 냉정하게 한마디를 보냈다.

"영재원 안 가도 된다고 말한 거, 그거 진심이었어? 가지 말라고 해도 아이가 꼭 갈 거라고 믿었던 거 아니야? 진심으로 안 가도 된다고 생각한 거야?"

후배는 말이 없다. 묵묵부답으로 몇 초가 지나고 후배의 입에서 긴 한숨이 터져 나왔다. 나는 다시 따뜻한 충고를 보냈다.

"아이들이 모를 거 같아? 더 잘 알아. 부모들 표정 보면 눈치채거든. 영재원 붙었다고 그렇게 좋아하는 부모를 실망시킬 수 없어서 가겠다고 한 건지 정말 좋아서 간 건지 우리는 알 수 없지. 아이를 치료하겠다고? 아이에게만 문제 있는 거 같아서? 부모도 같이 가서 상담해. 정작 부모가 변해야 아이도 변해!"

아파하는 후배를 보니 부모 역할이 더 쉽지 않다는 걸 뼈저리게 느껴본다.

"가기 싫으면 안 가도 돼!"라고 지시하기 전에 "힘들 수도 있는데, 정말 가고 싶은 거야?"라고 물었으면 더 좋았을 거라고 생각이 들었다. 아이를 헤아리는 일은 지시나 가르침이 아니라 마음을 헤아려주는 진심이 담긴 질문이다. 수학이든 진로든 성적이든 그 무엇이든 아이를 가르치기 전에 물어보자. 마음을 다해 물었을 때 진심이 담긴 답도 얻을 수 있다.

Point
'이렇게 하면 돼!' 대신 '이렇게 해도 될까?'로 바꿔보자.

3장

평생 가는
공부 체력의 비밀

우애가 키운 공부습관

연년생인 두 아이의 특별한 형제애는 남달랐다. 한 해 차이로 태어났으니 연년생이지만, 2월생인 첫째 아이가 학교에 일찍 입학하면서 학령은 두 학년이 차이가 났다. 첫째 아이는 동생에 대한 사랑이 깊어 언제나 양보했다. 어떨 때는 무조건 양보하지 말고 네 것도 챙기라고 얘기할 정도였는데 그러다 보니 둘째 아이는 형에게서 받는 걸 당연시했다. 이제 대학생이 되고 나니 둘째 아이는 항상 그렇게 얘기한다.

"우리 형 같은 사람은 세상에 없을 거예요."

형의 그 넉넉한 품성을 알고 있으니 그나마 다행이다. 양보하는 것이 몸에 배인 첫째 아이를 향한 둘째 아이의 존경도 남다르다. 누군가 자신의 형을 폄하하려 하면 눈에 불이 난다. 형제는 자주 연락하고 의논하고 위로를 주고받고 술잔을 기울이고 여행을 함께 간다. 부모로서 이보다 고마운 일이 없다. 주위에서 연년생 남자아이 둘이 어찌 그리 가깝냐고 질문을 많이 했는데, 사실 두 아이의 관계를 위해 정말 많이 노력했다.

둘째 아이의 임신을 확인한 순간, 태교를 첫째 아이와 함께해야겠다는 생각이 들었다. 서점에 가서 《동생이 생겼어요!》라는 책을 샀다. 이 책의 마지막 페이지는 엄마 배에 덧씌워진 종이를 들추면 아기가 탄생하는 장면이 팝업북 형식으로 되어 있었는데, 첫째 아이는 이 부분을 매우 신기해했다. 임신 기간 내내 첫째 아이를 무릎에 앉혀두고 하루에 두세 번씩 이 책을 읽어주었다. 동생이 태어난다는 건 엄청난 강도의 지진과 같은 충격이라고 하는데 열 달 정성으로 공들여야 큰아이의 허탈감이 덜하리라 여겨졌다. 아이는 책을 읽어줄 때마다 내 품에 푹 안겨 비장한 각오로 내용을 새겨들었다.

"네가 동생을 정말 원하는 마음이 깊으면 뿅 하고 나타날 거야. 그런데 네가 원치 않으면 동생이 우리 곁에 와도 행복할 수 없단다. 너의 생각이 정말 중요해. 동생은 너에게 달려 있어."

남편도 첫째 아이에게 지극 정성을 다했다. 매일매일 이러한 일상이 반복되면서 첫째 아이는 배 속의 동생에 대한 나름의 사명감을 느끼는 듯 보였다. 열 달 후, 꼭 동생을 행복하게 낳아달라는 어린 형의 다짐 속에 둘째 아이가 우리 곁으로 왔다.

갓난아기를 데리고 서울 시댁을 처음 간 날, 시어머니는 둘째를 외면하신 채 먼저 첫째 아이를 꼭 안아주셨다.

"아이구, 우리 장손! 큰일을 해오셨네."

할머니를 비롯해 온 가족들이 동생보다 자신을 더 대우하는 환경 속에서 의기양양해진 첫째 아이는 기꺼이 동생을 받아들였다. 갓난 아이에게 모든 시선이 집중되었다면 첫째 아이가 느꼈을 상실감은 이루 말할 수 없었을 것이다. 온 가족은 첫째 아이에게 더 집중했고 그것은 첫째 아이가 동생을 자발적으로 예뻐하고 돌보도록 하는데 큰 힘이 되었다.

이후 형제를 교육시킬 때는 원칙을 세우고 지키려고 노력했다. 첫째 아이와 둘째 아이를 나무랄 일이 있으면 최대한 첫째 아이의 체면을 살려주었다. 주장이 세고 고집이 센 둘째 아이 앞에서 결코 첫째를 나무라지 않았다. 따로 불러서 야단을 하는 일이 있더라도 둘째 아이 앞에서는 한 살 차이인 형의 위신을 가급적 세워주려 노력했다. 자연스럽게 둘째 아이는 형의 존재를 인정하고 좋아하는 마음을 진심으로 가지게 되었다.

형제애는 학습과 공부에도 절대적인 영향을 미쳤다. 둘째 아이는 형이 무엇을 하든 따라 하고 싶어 했다. 내성적인 성격으로 소리 없이 자신의 일에 책임감이 강한 첫째 아이의 스타일이 둘째 아이의 공부습관에도 기준이 되었고, 함께 공부할 때면 서로 격려하기 시작했다.

아이들의 방을 꾸밀 때도 그랬다. 굳이 형의 책상 옆에 자신의 책상을 놓아달라는 둘째 아이의 요구에 옆으로 책상을 나란히 붙여주었는데, 책을 좋아하는 첫째가 공부하는 시간이면 둘째 아이도 덩달아 들어가 책상에 앉았다. 책상 위에서 무엇을 하든 내버려두었고, 이후 책상에 앉는 일이 습관이 되니 자연스럽게 책상 위에 머무는 시간이 많아졌다.

둘째 아이가 놀자고 졸라도 첫째 아이는 10분만 책을 더 읽고 하자거나, 30분만 더 숙제를 해서 끝내자고 먼저 할 일을 정해주곤 했는데 둘째 아이는 순순히 형의 말을 따랐다. 첫째 아이도 둘째 아이가 묵묵히 따라 하니 놀 때가 되면 확실히 양보하고 동생 중심으로 놀아주었다.

종종 형제자매의 사이가 안 좋아 속을 썩는다는 이야기를 듣게 되는데 가만히 들여다보면 부모가 아이들의 관계를 손 놓아 버려 생긴 일들이 많다. 형제자매의 질서를 존중하고 기준을 잡아주는 일은 매우 중요한데 질서를 잡는 기초단계에는 부모가 적극적으로 개입해야 한다. 어느 정도의 기준이 세워진 뒤에는 아이들 스스로 타협하며 잘해 나가지만 처음부터 관계가 어그러지면 서로 힐난하기 바쁘다. 서로를 인정하게 만드는 일은 모든 면에서 매우 중요하다. 특히 요즘처럼 형제가 많지도 않은 세상에서 서로 소원한 관계를 보인다면 가슴 아픈 일이 될 수밖에 없다.

기준을 만들 때는 동생이 형이나 언니에게 무조건 복종하라고 할 수는 없다. 이유와 명분을 제대로 만들어주고 납득하도록 설명해야 하는 것이 부모의 역할이다. 이 작업은 초등학교 시절에 끝나야 한다. 중학생쯤 되면, 판단이 빨라져 아이들의 셈법도 달라지기 때문에 없었던 우애가 샘솟지는 않는다. 아이들의 분란으로 마음 끓이는 부모를 볼 때마다 안타깝다. 노력할 시기를 놓쳤기 때문이다. 하지만 처음부터 노력하면 분명히 답이 있다.

　일요일 아침, 도서관에 갈 때도 언제나 둘이 함께 갔다. 종종 둘째 아이는 그렇게 얘기했다.

　"아! 좀 쉬고 싶은데, 형이 계속 의자에 앉아 있단 말이야. 그럼 나도 할 수 없이 빨리 끝내야지 하는 마음으로 그 옆에 앉아 있는 거지. 그리고 형이 늘 도서관에 가니까 혼자 노는 게 심심해서 차라리 도서관에서 놀면서 읽을 만화책이라도 찾아보자 하면서 따라다녔어. 형을 좋아하니까 형이 하는 걸 따라 하면서 내 공부습관도 잡힌 거 같아."

　무시하지 않고 각자를 인정해온 특별한 우애가 결국 둘의 공부습관에도 큰 도움이 되었다.

Point
사이 좋은 형제가 학습에서도 서로 도움이 된다.

수학 정복의 핵심은
선행이 아니다

요즘은 유치원생들도 초등 수학, 초등 국어를 선행하고, 초등학생이 중고등 수학을 선행한다고 한다. 세상이 너무 앞서가니 부모들은 정신이 없다. 다들 선행학습을 시키니 내 아이라고 예외일 수 없다. 무조건 진도를 나가다 보니 아이가 제대로 따라오고 있는 건지 살필 새가 없다. 별 얘기 없으니 잘 하고 있다고? 그렇다고 치는 거다. 그런데 이렇게 해도 정말 괜찮은 걸까?

어느 일요일이었다. 평일에는 과학고 기숙사에서 보내고 주말이면 집에 오는 첫째 아이가 내 옆에 앉아 빨래 개는 일을 거들어주면서 말했다.

"엄마의 노력이 제 수학에 틈을 만들었어요. 놀라지는 마시고요.

잘못하셨다는 건 아니에요. 정말 감사하게 생각은 하는데요, 그 틈을 채우느라 고생 좀 했어요."

그리고는 제 엄마 무안할까봐 하하하 웃는다. 그러나 듣고 있는 나는 심장이 내려앉았다.

'틈이라니? 빈틈없이 도와준다고 열심히 했는데, 네 수학에 틈이 생겼다고?'

평소 속내를 잘 말하지 않는 아이라서 학원 수업이 필요하다고 하면 등록해 주었다. 주위에 좋은 학습 모임이 있다고 정보가 들려오면 일하는 와중에 밤늦게라도 참석해 아이에게 설명해주고 남보다 뒤처지지 않게 애쓴다고 했는데 그 중요한 과목에 틈이 생겼다고 하니 내 눈이 둥그레지자 아이가 말을 받는다.

"괜히 서운해하지 마시고요. 개념을 이해한 뒤에 실력을 다지기 위해서는 스스로 풀어보고 응용문제로 심화도 하고 해야 하는데요, 그게 다 안 끝난 상태에서 어머니께서 챙겨주시는 선행수업을 따라가느라 바쁘다보니 그냥 체한 거예요. 개념은 이해했으니 선행하다 보면 되겠지 했는데 아니더라고요. 정말 수학은 개념이 완벽해야 응용도 되고 자꾸 풀어야 제 실력이 되더라고요. 그래서 어떤 건 처음으로 돌아가서 다시 시작했어요. 다행히 시간은 좀 걸렸지만 이젠 자신이 생겼어요."

부모 노릇이 처음이니 실수가 많다. 스스로 별말 없이 빈 곳을 채웠다니 고마운 일이지만, 성급한 마음으로 서둘렀던 게 아닌가 돌아보게 되었다.

학습이란 게 아이들이 저마다 가진 기본 지식이나 능력치가 다르니 똑같이 투자를 해도 나오는 결과물은 당연히 천차만별이다. 그중에서도 수학은 나중에 한꺼번에 완성시키기가 제일 어려운 학문이다. 벼락치기 암기를 시도할 수 있는 과목도 분명히 존재한다. 그러나 수학은 기본 개념을 제대로 다져 놓지 않으면, 문제 지문의 이해력까지 동원해야 하는 고등수학에 이르러서는 결국 수포자의 길을 걷게 된다.

국내 최고의 의대에 아이를 진학시킨 친구에게 수학 비법을 물었는데 아주 단순했다. 좋다는 여러 문제집을 푼 것이 아니라 수학의 바이블이라 불리는 《수학의 정석》을 4~5회 반복하며 풀었다는 것이다.

첫째 아이는 대학에서 수학과 물리학을 전공했는데 수학이 어려워지지만 점점 더 흥미로워진다고 했다. 가끔은 숫자가 하나도 없는 수학책을 보여주기도 했다. 초등 고학년 때는 이야기로 만들어진 수학책을 즐겨 읽기도 했는데, 문제를 푸는 것은 아니지만 수학의 논리성을 기반으로 한 이야기들이 아이의 흥미를 자극하기도 했다.

아이들의 수학공부로 고민이 될 때마다 인터넷 학습 카페를 종종 뒤져 보곤 했는데, 수학에 대한 현실적인 충고가 있었다.

'수학은 풀이가 아닌 추리가 되어야 하고, 이해가 아닌 설명할 수 있는 실력이 되어야 한다. 그래야 비로소 응용이 가능하다.'

곰곰이 되씹어볼수록 수학 실력을 완성하는 방법에 대해 정확하게 간파하고 있다. 선행은 개념 이해를 늘리는 것인데, 개념을 완전히 이해했다면 기출 문제를 추리하고 풀면서 설명할 수 있어야 한다. 그래야 어떤 형태로든 꼬아 놓은 응용문제를 쉽게 해결할 수 있는 것이다.

첫째 아이는 초등 고학년 때 수학 문제를 풀면서 스스로 추리하고 설명하는 방식의 수업을 받은 적이 있다. 생각한 과정대로 문제를 풀면서 설명하고 응용하는 이 토론식 수업을 참 좋아했지만 상급 학교 입시에는 현실적으로 도움은 되지 않아 그만두어야 했다. 아이는 입시를 위해 공식을 달달 외우고 시간 안에 문제를 풀어야 하는 방식을 무척 안타까워했다.

경영학을 전공하고 있는 둘째 아이는 제 형보다는 공부해야 할 과목 중 수학의 비중이 높지 않아 해당 학년의 1년 선행으로 실력을 다져갔다. 고등학교 입시를 준비하면서 중학교 3학년 시절, 제 형이 다니던 학원 선생님께 지도를 부탁했는데, 개념을 다 이해했다면 도와줄 게 없다며 비어 있는 강의실에서 혼자 문제만 풀게 했다. 혼자 문제를 푸니 학원비도 받지 않았다. 처음에는 '시간도 없는 아이를 왜 안 가르쳐주지?' 하고 원망을 했는데 뒤늦게야 선생님의 진의를 이해하게 되었다. 개념을 이해한 뒤에 쌓는 수학 실력은 결국 자신과의 싸움이다.

아이가 아직 어리고 수학 실력을 다져주고 싶다면, 진도에 목숨을 걸 필요가 없다. 선행으로 개념을 이해했다면, 다양한 문제를 풀며 설명이 가능한지 확인해보자. 옆집 아이의 선행 진도에 휘둘리지 말고 조금 되돌아가더라도 매 과정을 단단히 다져가는 일은 상급 학년에 올라가면서 더 빠른 속도를 낼 수 있음을 명심하자. 스스로 수없이 생각하며 다양한 방식으로 문제를 풀어보는 것이 수학 정복의 핵심이다. 이 원리를 알면서도 실천이 어려운 것은 엄마들의 조바심 때문이다. 옆집 아이와 내 아이의 진도를 비교하는 일부터 제발 그만두자. 나 역시 실패를 통해 얻은 귀한 경험이다.

Point

수학 실력은 결국 자신과의 싸움이다.

영어문법은
얼마나 중요할까?

초등 고학년에 학습에 대한 기본태도를 길러주면 중학교에 가서 자기주도 학습의 틀이 생긴다. 사춘기에 들어선 중학생 때 일일이 학습에 간여하다가 서로 감정만 상하는 일을 많이 보았다. 학습에 간여해도 서로 무리가 없는 초등학교 때 학습태도를 잡아주자. 무리하게 선행의 양을 늘리기보다 아이에게 맞는 학습량을 스스로 조절하게 하자.

초등학교의 학습은 기본적으로 과목이 적기 때문에 큰 부담은 없다. 그러나 중학생이 되면서 갑자기 늘어난 과목은 아이들에게 만만치 않은 부담이 된다. 과목이 늘어나니 어떻게 시험에 대비해야 하는지도 막막하다. 국어, 수학, 사회, 과학, 영어는 기본에 역사, 도덕,

기술·가정, 정보, 체육, 음악, 미술에 선택과목이 추가된다. 한문, 진로와 직업, 보건, 독일어, 프랑스어, 아랍어, 중국어, 시사 토론, 일본어, 중국어 등 다양한 과목 중 선택해야 하고 '창체'라 불리는 창의적 체험활동은 동아리나 자율활동, 봉사활동, 진로활동 등의 이름으로 진행된다. 진로탐색이나 주제 선택, 예술문화 활동 등의 자유학기제 활동도 해야 한다. 과목별 교과 선생님도 달라지고 교과목 선생님에 대한 호불호가 성적을 좌우하기도 한다.

특히 자유학기제에 따라 시험을 보지 않는 학기들이 생기면서 엄마들은 또 다른 불안에 휩싸인다. 모두 진로 탐색과 같은 자유로운 활동에 매달리면 좋으련만 그 와중에도 사교육을 통해 선행을 준비하는 아이들이 있어 내 아이가 뒤처질까 초조하다. 자유학기제로 시험을 보지 않으니 아이들이 시험을 대비하는 태도가 길러지지 않아 어렵다고도 한다. 수업 중 활동은 시험이 아닌 다른 방식으로 평가되어 내신점수로 남아 고등학교 입시에 영향을 끼치니 어느 과정 하나 소홀히 넘길 수가 없다.

그래서 초등 고학년에 이르러서는 중학교 생활을 미리 염두에 두어야 한다. 그 많은 과목을 공부하며 주요과목까지 좋은 성적을 받으려면 어떻게 해야 할까?

대한민국 입시에서 결코 포기할 수 없는 과목이 수학이다 보니 기본적으로 공부를 시킨다. 단번에 암기해서 실력을 얻을 수 있는 과목이 아니라서 초등학교 입학 전부터 열성을 보이는 부모도 있다.

국어 역시 평소 다양한 책 읽기 등을 통해 기본기를 익혀 온다. 그러나 중학교에서 만나는 국어는 문학과 비문학, 어휘의 새로운 분류 속에서 학습의 양과 깊이가 달라진다. 보통 언어 감각이 뛰어나다는 여학생에 비해 남학생들의 경우 중학교에 진학해 국어를 따로 공부하기 시작하는 아이들이 많아진다.

의외로 고민이 생기는 과목이 영어다. 뮤지컬이나 연극, 소설 읽기, 보드게임 등 다양한 활동으로 영어를 익혀서 온 아이들이나 외국에 살다 와서 영어를 제법 잘한다 소리를 들은 아이들도 중학교 내신에서 무너지는 일이 허다하다. 언어로 인식되던 영어가 공부 과목으로 인식되면서 '문법'이라는 난제에서 아이들은 영어의 걸림돌에 부딪치기 때문이다.

아이들이 중학생일 때 영어 과외로 이름난 후배에게 내신점수 잘 받는 방법을 물으니 생각 못한 답을 들려주었다.

"학교에서 배운 대로 달달 외우게 하세요. 문장 그대로 외워야 학교에서 원하는 문제를 풀 수 있거든요, 많은 아이들을 평가해야 하니 변별력이 있는 문제를 내기도 쉽지 않아요. 그냥 통째로 달달 외워서 단어 채우고 문법 문제 많이 풀고 해석해야 점수 받을 수 있어요."

안타까운 말이었지만 현실이었다. 그 사이 영어학습의 방향이 변했다고 하지만, 여전히 아이들은 단어의 늪에서 헤어나지 못하고 재미없는 문법을 외우기 위해 노력한다.

초등 고학년이 되면 엄마들은 영문법에 대해 슬슬 고민이 시작된다. 단어를 수십 개씩 외우는 학원을 계속 보내야 하나 말아야 하나 말 못할 고민이 이어진다. 누구는 필요하다 하고 누구는 쓸데없다 하니 생각은 더 많아진다.

우리 아이들도 그랬다. 미국에서 영어책 읽기를 매우 즐기던 아이들이었지만 한국에 돌아와 중학교에 입학하면서 내신점수를 얻어야 하니 걱정이 되었다. 방학을 이용해 영문법 개인과외를 두 달간 시켰다. 영문법 총정리를 부탁하고는 마음을 놓았는데 완전히 오산이었다. 나중에 아이들은 아무런 도움이 되지 않았다고 고백했다. 지나고 보니 그저 엄마의 욕심이었다. 오히려 영어에 대한 즐거움을 공부에 대한 지겨움과 두려움으로 바꿔버린 것 같아 미안하기까지 했다.

목동에서 영어학원을 운영하는 원장님과 대화를 하다가 아이들의 영어학습에 대해 조언을 구했더니 의외의 답을 해주었다.

"2018년부터 수능 외국어 영역에 절대평가가 도입됐잖아요. 점수에 따른 등급이 아니라 90점만 넘으면 1등급이니까 예전보다 부담이 훨씬 덜해졌죠. 내 아이가 왜 영어를 잘해야 한다고 생각하시죠? 내 아이에게 영어를 공부시키는 중요한 이유가 뭔가를 떠올려보세요. 수능영어 1등급이 목표라면 고등학교에 가서 공부해도 늦지 않아요. 중학교 내신은 학교에서 배운 대로 외우고 공부하면 좋은 점수를 받을 수 있고요.

하지만 세계적인 인재를 목표로 소통을 위한 도구로써 영어 실력을 키워주고 싶다면 문법과 단어를 외우는 공부가 아닌 다른 방법을 택하셔야 해요. 꾸준히 좋아하는 분야의 책을 영어로 읽도록 하고, 좋아하는 스타의 영어 인터뷰도 보게 하고, 영어로 된 게임도 하게 하고, 영화도 보게 하고, 음악도 듣게 하고, 영어 잡지도 읽게 하고 여행도 하게 하면서 다른 방법으로 접근하도록 하는 거죠. 수능 1등급 받아도 외국인을 만나면 자리를 피하는 경우 많잖아요. 언어의 능력으로 영어를 시킬 것이냐, 수능 1등급만 받으면 되느냐 목표를 정하면 영어공부 방법을 정할 수 있어요."

나는 왜 아이에게 영어공부를 시키는가? 내 아이가 영어를 잘했으면 하고 바라는 이유는 무엇인가? 그 이유를 먼저 생각해본다면 아이에게 영어를 공부시킬 때 한결 가벼운 마음으로 다양한 방법을 찾을 수 있을 것이다.

Point

영어공부의 목적을 먼저 떠올리면 방법도 쉬워진다.

사교육은
얼마나 시켜야 할까?

첫째 아이가 카이스트에 입학한 후, 둘째 아이가 서울대에 합격했다. 한 지인이 "엄마가 아이를 잘 키운 게 아니라, 잘 커준 아이들이 엄마를 키우겠네"라고 농담을 했는데 맞는 말이 되었다. 아이들이 원하던 학교에 입학했다는 사실은 워킹맘인 내게 칭찬과 격려로 쏟아졌다. 학부모 강의에 초대되는 일도 자주 생겼다.

아이를 잘 키웠다의 기준은 무엇일까? 단지 대학만 잘 들어갔다고 잘 키운 것일까? 사실 두렵고 불안하다. 대학이 끝이 아니기 때문이다. 사회에 유익한 인물이 되도록 끝까지 관심의 추를 늦추지 않는 것이 진정 아이를 잘 키운 부모가 아닐까.

일하는 엄마로 살다보니 세세하게 챙겨주지 못한 미안함이 없지는 않다. 그럼에도 별 불만 없이 각자의 자리에서 더 열심히 노력해 준 아이들이 고맙기는 하다. 하지만 그렇다고 나 역시 알아서 하겠지 하면서 뒷전에 물러나 있지 않았다. 시간에 쫓겨 얻지 못한 정보는 주말이나 퇴근 후의 틈을 이용해 도움을 받았다. 내가 먼저 커피도 사고 맛있는 밥도 샀다. 다른 엄마들의 소중한 정보를 얻으려면 물량 공세라도 아끼지 않는 자세가 중요하다. 그렇게 애쓰는 모습이 밉지 않았는지 엄마들은 자신들의 정보를 나누어 주었다.

소수만 모여서 진행하는 특강이며 서울에서 내려온다는 명강사의 강의까지 두루두루 정보를 챙겨주었다. 성격상 먼저 다가가기를 좋아하는 사교적인 나는 물심양면 노력했다. 내가 먼저 전화하고 먼저 약속을 잡았다. 세상에 공짜는 없다. 아무것도 안 하면서 정보만 챙겨 가려 한다면 참 염치없는 일 아닌가? 무엇이라도 보답하려고 마음을 썼다. 그 마음을 알아준 고마운 이웃 엄마들이 없었다면 워킹맘인 내가 아이들을 키우는 일은 더 힘들었을 것이다.

첫째 아이가 초등학생이 되고 주위를 돌아보니 학습에 참 무심했다는 생각이 들었다. 영어유치원을 다니면서 한글을 다 떼지 못하고 초등학교에 입학했는데, 반에서 한글을 모르는 아이는 우리 아이를 포함해 단 3명밖에 없었다. 다행히 아이를 이해해주신 좋은 담임선생님을 만난 덕에 문제는 쉽게 풀렸다. 그렇게 한글을 깨치고 나니 이번에는 구구단이 문제였다. 도대체 언제 한 건지 다른 아이들은 구구단도 척척 해냈다. 이러다가 우리 아이만 바보를 만드는 건 아닐까 내심 불안했지만 소신껏 단단해지기로 했다.

초등 4학년, 처음으로 보낸 수학학원이 사교육의 시작이었다. 아이가 간절히 원하는 시기에 학원을 보내니 날개 단듯 진도를 나갔다. 영재고와 과학고를 준비하느라 선행수업이 필요했다. 묵묵히 그 많은 공부를 해내고는 있었지만, 때로는 안타까웠다.

힘든 마음을 어찌 달래줄까 고민했더니 따뜻한 대화 상대를 찾아주라는 조언이 들려왔다. 초등 고학년, 사춘기에 들어서는 아이에게 부모가 아닌 대화 상대가 필요하다는 것이다. 그래서 일주일에 한 번 대학생 형과 과외를 했다. 형이 없는 첫째에게는 큰 힐링이 되었다. 둘의 정서는 잘 맞았다. 가끔은 공부를 하는 건지 인생을 나누는 건지 공부는 뒷전이고 관심사에 대한 얘기만 나누었다.

아이는 형을 통해 공부의 중압감을 풀고 있었다. 부모에게 하지 못할 이야기도 형과 나누며 따뜻하게 위로받았다. 나중에는 결혼식까지 찾아가 축하해줄 만큼 가까운 사이가 되었다. 지금 생각해도 고맙고 다행스러운 일이다.

사실 영재고나 과학고를 준비하는 일은 정보가 많이 필요했다. 당시 동네에 두 아이를 모두 영재고에 보낸 엄마가 팀을 만들었다는 소문이 파다했는데 그 팀은 초등 5학년 때 이미 특별한 수업을 다 끝낸 아이들이라고 했다. 우리 아이는 초등 5학년 때까지도 한 것이 없으니 그러려니 하고 소문만 들었는데 어느 날 아는 엄마에게 전화가 왔다.

"우리 애가 그 팀에서 수업을 했는데, 도저히 따라갈 수 없어서 포기했어요. 우리 애 자리를 소개해줄 테니 들어올래요?"

스카이 캐슬은 어디나 존재하는 모양이다. 그저 고마운 마음으로 퇴근 후 열심히 달려갔다. 시간에 늦어 맨 뒷자리에 조심스레 앉았는데, 10명 남짓 정도밖에 모이지 않은 소수 엄마들이 서울에서 왔다는 선생님에게 하는 질문 수준에 깜짝 놀라고 말았다.

엄마들이 수학의 모든 진도를 꿰뚫고 있었다. 뒤에 앉은 나는 아이들이 그런 걸 배운다는 사실조차 그제야 깨닫고 있었다. 속은 상했지만 부끄럽지는 않았다. 공부는 아이의 몫이니 엄마가 어쩔 수 없다는 생각이었다. 아이의 의견을 물어 수업에 참여시켰는데 얼마 지나지 않아 그만하겠다고 말을 꺼냈다. 아이는 나름의 이유를 설명했지만 어렵게 얻은 기회라 매우 아쉬웠다. 아이의 말을 듣겠다는 생각보다 꼭 시키고 싶은 엄마의 마음이 더 컸을지도 모른다.

아이의 결정을 최우선으로 존중하겠다고 원칙은 세웠지만, 그 원칙 앞에서 주저할 때가 점점 늘어났다. '아직 아이니까 부모의 강요도 있어야지!', '쉽지 않은 기회인데 애가 그걸 알겠어?', '원하는 대로 다 해주면 아무것도 얻지 못해!' 이유는 천 가지 만 가지다. 그럴 때마다 천사와 악마가 엄마의 마음을 흔든다.

아이가 자랄수록 주변에 휘둘릴 일이 수두룩하게 늘어갔다. 소신을 지키기란 쉽지 않다. 하지만 그럴수록 엄마의 원칙은 더욱 중요했다. 힘들고 어렵지만, 견뎌보리라 노력해야 했다. 아이의 의사를 최우선으로 삼겠다는 원칙은 힘들고 속이 타지만 억지로라도 애를 썼다.

이후 첫째 아이는 중학교 2학년까지 문제를 스스로 추리하고 설명하는 개인 수업으로 수학과 과학의 흥미를 이어가고 있었는데, 고등학교 진학을 앞둔 중학교 3학년 때 다시 학원가로 돌아가야 했다. 한가한 수업만 듣다가 입시를 망칠 수도 있다는 주변 엄마들의 만류에 학원 테스트를 받았다. 바빠서 특별히 돌봐주지도 못하는 워킹맘이 남들 하는 대로 안 하다가 아이의 고교입시를 망치게 될까봐 내심 불안했던 것이다.

학원에서는 아이의 수학에 비상이 걸렸다고 했다. 풀이가 된 시험지를 놓고 살펴보니 아이가 푼 방법과 학원에서 훈련된 아이들이 푼 방법이 달랐다. 우리 아이의 방식은 빙 둘러 간다고 하시면서 정해진 시간 안에 문제를 다 풀려면 빠르게 푸는 훈련이 필요하다고 했다. 돌아 나오는 발걸음이 무겁기만 했다. 꼭 정해진 방식대로 풀어야 하느냐는 아이의 볼멘소리를 잠재우며, 원하는 학교에 가려면 방법이 없다는 것이 나의 궁색한 변명이었다. 뒤늦게 합류한 아이는 막판 스퍼트를 위해 밤늦게까지 학원에서 수업을 받아야 했다. 몰아치는 수업 일정을 인내하며 티 내지 않았던 아이에게 늘 고마웠지만 한편으로는 측은한 마음이 함께했다. 새로운 패러다임의 '창의적 통합교육을 한다'고 늘 말은 번지르르해도 현실의 입시는 '창의성 따위'를 받아줄 겨를이 없고, 정해진 길을 가지 않으면 낙오가 되는 현실의 벽에 부딪쳐야 했다.

지금은 문이과 통합교육을 말하고 있지만, 흔히 말하는 문과형 둘째의 사교육은 많이 달랐다. 선행학습은 많이 하지 않았고, 늘 주어진 과제를 성실하고 우수하게 해나가면서 체험 위주의 캠프에 참여를 많이 했다. 비용이 만만치는 않았으나, 무엇보다 책상에 앉아 아이를 옥죄는 수업이 아닌 체험형 교육이 아이를 행복하게 했다.

강원도의 한 특목고를 꿈꾸던 아이가 최종 면접을 앞두고 공주에 있는 자율형 공립고로 마음을 바꿨다. 초록색 너른 잔디 운동장에 완전히 넋이 나갔다. 학교가 시골 한구석에 있어서 그랬는지, 깨끗한 공기, 밤하늘의 별, 주변에 늘어선 논밭 등 자연이 살아 있는 청정무구지역의 단과대학처럼 캠퍼스가 컸다. 휴대폰 소지가 안 되는 관계로 아이들을 위한 공중전화 부스가 몇 개 있었다. 아이들은 마땅히 할 게 없으니 공부를 하다 지치면 축구를 하면서 체력을 단련했다.

사시사철 변하는 그 풍광 속에서 아이는 눈 내리고 꽃필 때마다 공중전화를 잡고 내게 울먹였다. 어느 날은 공부가 힘들다고, 어느 날은 경쟁이 치열하다고, 어느 날은 집이 너무 그립다고 했다. 그러다가도 어느 날은 목소리가 날아갔다. 눈이 와서 좋다고, 축구하다 이겼다고, 벼 베기 봉사활동을 나간다고, 30분을 걸어 동네 초등학교에서 바이올린 봉사를 했는데 아이들이 너무 귀여웠다고, 친구들과 먹은 야식이 너무 맛있었다고 목소리가 흥에 넘쳤다.

16살, 어린 나이에 집을 떠나 있었던 3년간의 생활로 아이는 단단해져 갔다. 사교육을 전혀 받을 수 없는 산골이었지만, 학원에서 치열하게 노력하고 있을 경쟁자들이 아닌 교실 속의 친구들을 의지 삼아 자신과의 싸움을 이어가고 있었다. 열성 넘치는 엄마들이 주말이면 승용차를 몰고서라도 소리 없이 사교육을 받게 한다는 소문도 있었는데, 아이는 걱정하지 말라며 큰소리를 쳤다. 스스로 정한 원칙은 무슨 일이 있어도 지키려 하는 고집을 잘 알기에 아이를 믿기로 작정했다.

집에서 온 사랑을 독차지하던 둘째 아이는 집을 떠나 기숙사 생활 3년 동안 친구들과의 소소한 갈등을 겪으며 배려를 다시 배우고 있었다. 졸업을 앞두고 아이가 말했다.

"사람을 배우는 3년이 너무 좋았어요. 이젠 좀 제가 달라졌어요. 학원은 안 갔어도 선생님들이 정말 열심히 도와주셨고, 인터넷 강의로 해도 충분했어요. 물론, 죽어라 공부하긴 했어요. 아, 다시 생각하고 싶지도 않아요."

한 번은 겨울코트의 소매가 너덜너덜했다. 펜을 쥐고 노트를 정리하고 문제를 풀면서 소매가 늘 책상에 닿으니 닳은 것이었다. 새로 사주겠다고 하니, 어차피 매일 책상에 앉아서 공부하는데 소용없다고 손을 저었다. 소매가 다 닳았을 만큼 엉덩이 무겁게 앉아 있었을 책상 앞에서 얼마나 치열하게 공부했을지 짐작이 갔다. 세상사 쉽게 얻을 수 있는 건 없다. 원하는 목표를 이뤘으니 고통도 웃으며 돌아볼 수 있을 것이다.

사교육을 얼마나 시켜야 할까? 사교육 없이 스스로 할 수 있다면 복 받은 일이다. 현실적으로 경제적 지출도 만만치 않으니 말이다. 하지만 이 치열한 경쟁 속에 아이 혼자서 다 해낸다는 게 버겁기도 할 것이다.

인터넷 강의와 현장 강의도 차이가 있다고 한다. 여유가 되는 부모들은 아이들을 직접 차에 태워 현장 강의에 갈 수 있도록 대치동으로 이동시켜주기도 했지만 부산에서는 쉽지 않은 일이었다. 인터넷 강의에서는 알려주지 않은 정보를 현장 강의에서는 자료로 나눠준다고 해서 아이들을 속상하게도 했지만, 현장 강의에 다녀온 마음 좋은 친구들이 자료를 나눠주기도 했다니 세상사 어쨌든 방법은 생긴다.

사교육에 지속적으로 노출이 되면 아이의 공부 근력이 사라지고 말 것이다. 공부는 배운 뒤에 스스로 익히는 과정이 반드시 필요하다. 그 과정조차 사교육에 의존한다면 절대로 자신의 실력이 될 수 없다.

한 번은 둘째 아이가 단 2주일간 주어진 여름방학에 국어수업을 받고 싶다고 했다. 기간도 짧아 학원에 등록할 수도 없어서 주변의 재수학원 국어 선생님을 소개받은 뒤 개인 수업을 받았다. 단 4회뿐인 수업이었지만 아이의 만족도가 컸다.

"와, 선생님이 너무 수업을 잘 하세요."

그 말을 듣고 다른 아이들에게 소개해도 될지 물었다.

"그럼요. 얼마든지요! 그런데 저하고 생각이 다를 수도 있어요. 선생님은 문제를 읽고 제가 생각할 시간을 주시거든요. 물을 먹여 주는 게 아니라 물을 먹도록 물가로 데려가 주셨어요. 빨리 물을 먹여 줬으면 하고 바라는 친구들은 이 수업이 안 맞을 수도 있어요."

먹여주는 물만 먹다 보면 스스로 물 먹는 방법을 잊어버리고 말 것이다. 긴 사교육의 부작용이다.

사교육은 아이의 부족함을 채워주려고 할 때 효과가 크다. 넘치게 끌고 가면 자기주도의 능력을 잃게 하는 위험요인이 된다. 사교육도 요령이 필요하다.

Point
절실하게 부족한 부분에 도움을 받자.

초긍정으로 키워준
학습의 결실

학교에서 달려온 아이가 신발도 벗지 않고 숨을 헐떡이며 이야기했다.

"엄마! 영어대회에 접수했는데 경쟁률이 100대 1이래요!"

나는 자세를 낮춰 아이와 눈높이를 맞춘 다음, 자신 있게 말했다.

"그럼 네가 그 한 명이 될 거야. 할 수 있어. 엄마는 알아!"

아이는 으쓱 어깨에 힘을 준다. 해낼 수 있도록 긍정적인 마음을 심어주는 엄마만의 마법이다.

나는 아이와 대화를 나눌 때 항상 둘 다 의자에 앉거나, 내가 무릎을 꿇어 자세를 낮춰서라도 아이와 눈높이를 맞추려고 했다. 위에서 내려다보는 시선은 위압감을 심어준다. 눈높이를 맞추는 배려의 대화야말로 한결 든든한 격려가 된다.

미국 애틀랜타에 있는 CNN 본사에 견학을 갔을 때다. 작은아이가 방송국의 규모에 놀라 내게 물었다.

"엄마, 나도 CNN에서 일할 수 있을까요?"

이런 질문을 받는다면 어떻게 대답해야 할까?

"물론이지. 그러려면 영어를 잘해야겠지. 그래서 영어공부를 열심히 해야 돼."

이런 대답은 호기심과 흥미를 반감시킬 것이다. 오히려 괜히 질문했다 싶을 수도 있다. 대신 나는 다소 엉뚱한 대답을 해주었다.

"물론이지. 네 자리를 하나 골라봐. 어디에 앉고 싶어?"

아이가 멀뚱한 시선으로 나를 보았다.

"그래도 돼요?"

아이는 가장 정중앙에 있는 큰 책상을 가리켰다.

"오늘부터 저 자리는 네 거야. 마음속으로 저 자리에 앉은 네 모습을 매일 상상해보는 거야. 훨씬 빨리 그 꿈을 이룰 수 있어!"

아이는 머쓱하게 웃으면서도 발걸음에 자신감에 넘쳤다. 아이에게 목표에 대한 간절함과 도전하는 정신을 가르치고 싶었다. 영어를 열심히 해야 한다면 부담스러워도, 원하는 자리에 앉을 수 있다는 긍정적 기대감은 오히려 즐거움이 될 수도 있다. 아이를 잘 이끌고 싶다면 무엇이든 부담이 아닌 관심거리로 접근시켜야 한다.

스스로 안달이 날 때 도파민이 분비되는데, 공부에 대한 로맨스도 여기에서 출발한다. 무엇인가 벼르고 벼르던 것을 할 때 마음과 몸에서 안달이 나는 경험을 해본 적이 있을 것이다. 정말 보고 싶었던 영화를 보게 됐을 때 영화관에 들어서서부터 조급해지면서 초긍정적인 마음이 든다.

'정말 재미있을 거야. 빨리 입장하고 싶네.'

도파민의 촉진은 사람을 더 빨리 움직이게 한다. 기다리고 기다렸던 게임기가 오기 전에 숙제를 다 끝내야 한다고 하면 그때 나오는 도파민은 아이가 초고속으로 숙제를 하게 만드는 원동력이 된다. 이 원리를 잘 이용해 공부하게 하면 몰입, 의욕, 창의력 등 최고의 효과를 거둘 수 있다. 대표적인 사람이 아인슈타인Albert Einstein과 뉴턴Isaac Newton이다. 다만 도파민은 양날의 검과 같아서 매우 결핍되거나 과하면 정신 건강에 위협이 될 수 있다고 한다.

그러나 요즘 아이들은 도파민이 지나쳐서 문제가 아니라 부족해서 생기는 문제가 더 크다. 가만히 생각해보자. 우리는 얼마나 아이들에게 긍정적인가? 우리는 얼마나 격려하는 태도로 아이들에게 자극을 주고 있는가?

어린 시절, 외할머니는 내게 늘 이렇게 말하셨다.

"예쁜 것, 너는 뭘 해도 잘할 거다! 무슨 일이든 자신 있게 할 거야. 암, 너는 그럴 거다."

가만히 생각하니, 나의 이 근거 없는 자신감은 어린 시절 외할머니의 무릎에서 늘 귀에 쟁쟁하게 들었던 할머니의 칭찬과 격려에서 출발했다. 아주 가까운 이들에게 듣는 격려와 응원처럼 소중한 것이 없다. 그 초긍정의 응원과 격려야말로 내 마음을 움직이게 하고 두뇌를 움직이게 했을 것이다. 아이들을 키우다보면 마주하는 진실이다.

아이들이 어렸을 때 은물 교육이 유행이었다. 프뢰벨이 창안했다는 이 은물 교육 대신 요즘 엄마들은 어린아이의 두뇌학습을 위해 호크마 강의를 들으러 다닌다. 히브리어로 '지혜'라는 뜻을 가진 호크마 역시 다양한 교재, 교구를 가지고 노는 프로그램인데 무한한 가능성과 잠재력을 키워서 두뇌를 조화롭게 계발하는 교육이다. 보고 만지고 느끼면서 노는 동안에 수 개념을 형성하도록 하는 일종의 계획된 장난감, 은물교육은 두뇌 교육에 많은 영향을 준다고 알려져 있다. 두뇌교육은 학습에 긴밀한 관계가 있으니 당연히 투자해볼 만한 일이다. 그런데 이러한 도구 교육을 통한 두뇌교육과 엄마의 격려가 만들어주는 마인드 무장의 두뇌교육은 실제적으로 어떤 효과가 있을까?

아이를 잘 키웠다는 엄마들과 인터뷰를 하면서 항상 들었던 육아 팁이 바로 초긍정 마인드였다. 아이는 엄마의 응원을 먹고 자란다고 해도 무리가 아니다. 우울감이 넘치는 엄마, 쉽게 지치는 엄마, 짜증이 많은 엄마, 화가 많은 엄마, 아무 관심도 없는 엄마. 상상해보자. 어떤 느낌이 드는가?

웃음이 많은 엄마, 다정하게 말하는 엄마, 관심을 보여주는 엄마, 격려해주는 엄마, 눈높이를 맞춰주는 엄마, 안아주는 엄마, 용기를 주는 엄마, 칭찬해주는 엄마. 단어를 읽는 것만으로도 마음이 살아난다.

아이의 두뇌를 활발하게 움직이는 것은 거창한 은물보다도 엄마의 다정한 응원이 아닐까? 학습의 결과를 위한 두뇌의 움직임도 결국은 마음이 움직여야 가능한 일이니 말이다.

"너니까 가능해!"

무한한 격려를 주자. 아이는 성취의 결과로 대답해 올 것이다.

"엄마가 가능하게 해주셨어요."

다가올 기쁨을 미리 만끽하자.

Point

초긍정 엄마의 말 "믿어! 너니까 할 수 있는 거야!"

책을 싫어한다고
공부를 다 못하는 것은 아니다

두 아이가 소위 명문대에 진학을 한 뒤 무수하게 들어온 질문이 있다.

"형제의 성향이 완전히 다르다면서요? 한 명은 외향적이고 다른 한 명은 내향적인 두 아이가 어떻게 둘 다 공부를 잘했어요?"

질문을 받고 나서 나도 곰곰이 생각해 보았다. 어떻게 둘 다 공부를 잘했을까? 우리 아이들만의 특별한 공부법이 있었던 것도 아닌데 어떻게 두 아이가 모두 학습에서 뛰어난 결과를 만들어냈을까? 나도 가끔은 궁금했다. 성향 다른 두 아이에게 제각기 특성에 맞는 환경을 만들어 주려고 노력을 했어도 엄마는 한 사람이고 워킹맘이었으니 분명 한계는 있었을 텐데 말이다.

지인과 만나기로 약속을 하고 좀 일찍 집을 나선 날이었다. 한두 시간 새로 나온 책을 둘러보리라는 기대감으로 들어선 서점에서 한 책을 발견하고 단숨에 그 두꺼운 책을 다 읽어버리고 말았다. 이 책은 나의 궁금증을 시원하게 해결해 주었다. 그리고 자주 들어온 그 질문에 나는 이제 분명한 대답을 할 수 있게 되었다.

"맞아, 맞아. 그래서 우리 큰아이가 공부를 잘했구나. 그럼 첫째 아이하고 성향이 완전 다른 둘째 아이는 어떻게 공부를 잘한 거지? 아, 이래서 둘째 아이도 공부를 잘했구나."

옆에서 보면 혼잣말하는 이상한 사람으로 보였을 일이지만 아이 둘을 키우며 아이들의 어떤 학습환경이 성적의 우수한 성취로 이어졌는지 명확하지 않았던 나에게 책은 쉽게 결론을 내려주고 있었다. 그것이 무엇이었는지 살펴보자.

많은 엄마들이 책과 학습의 상관관계를 이야기한다. 책을 좋아하는 아이들이 기본적으로 공부를 잘한다고 생각한다. 주위에서 흔히 볼 수 있는 사례이기도 하다. 책을 좋아하면 독서를 통해 내용의 논리적 구조를 이해하고 파악할 수 있게 되는 것은 물론이고, 기본적으로 집중력도 올라가기 때문이다.

그러면 제 형과 달리 책 읽기를 그다지 좋아하는 않는 둘째는 어떻게 학습의 성취를 이루었을까? 이 책은 '읽기 능력'의 우수성도 공부머리와 연관되지만, '언어 능력'의 우수성 역시 연관이 있다고 말하고 있었다. 나는 무릎을 쳤다. 독서를 별로 좋아하지 않는 둘째와는 무엇을 하든 대화를 많이 나누었다. 그 과정에서 아이가 자신의 이야기를 꺼내도록 만들어준 환경이 학습에 큰 도움이 되었던 것이다. 아이가 하는 말은 무조건 끝까지 들어주려 애를 썼고, 벌어진 상황에 대해 스스로 상황을 판단하고 엄마에게 말을 전해주도록 유도했는데, 이 과정이 아이의 언어적 논리성을 향상시켰다고 이해됐다.

말이 많은 것과는 다른 일이다. '어떤 말로 상대를 설득시킬 수 있을까'를 궁리하다 보면 말에도 전개의 조리가 생기고 논리가 생긴다. 이 언어적 논리성과 합리성은 어떤 현상을 이해하고 파악할 때 반드시 필요한데 그것이 공부라는 학습 성취의 요인과 연결된 것이었다.

책에서는 공부머리가 좋은 아이들의 공통점이 '뛰어난 읽기 능력과 언어 능력'이 바탕이 되어 있다고 전하며 조목조목 사례를 들어 설명했다. 나는 크게 공감하며 단숨에 받아들였다. 책을 싫어해도 공부를 잘하는 데는 문제가 없다. 부모가 노력하기에 따라서 아이들은 얼마든지 다른 형태로 학습의 성취를 이룰 수 있다.

"우리 아이는 책을 싫어해요. 그러니 공부를 못할 수밖에요."

이렇게 말하는 부모를 자주 본다. 책을 싫어한다고 공부를 다 못하는 것은 아니다. 아이가 정말 책을 싫어하는 것인지 아니면 엄마가 자신도 모르는 사이에 아이가 책 읽는 일을 싫어할 수밖에 없는 환경을 만들어주고 있는 것은 아닌지 한번쯤 돌아보자.

이 책에서는 '조기 문자 교육', 즉 너무 어린 시절부터 글을 읽고 쓰게 만드는 교육에 대해서도 강하게 반대하고 있었는데, 두 아이를 키우면서 그다지 문자 교육에 큰 공을 들이지 않은 것도 맞다 싶었다. 아이들과 함께 있는 시간에는 문자 교육보다 마음과 생각을 나누는 대화를 하면서 보냈는데, 그 시간 동안 엄마의 정성이 고스란히 전해졌을 것이다. 작정하고 나눈 정성의 대화는 우리를 소통시키며 문자보다 더 많은 것을 얻게 해주었다. 벌어지는 상황을 문자가 아닌 언어로 이해시키기 위해 끊임없이 대화를 시도했던 노력은 정말 잘한 일이었다.

문자 교육보다 더 중요한 것이 '사고를 통한 행동'이라고 여겼다. 질문을 던지면 아이는 스스로 생각한다. 생각을 통해 그 과정의 답을 찾고 직접 체험하며 이야기하게 했다. 아이들은 스스로 체험해 얻어내는 결과에 엄청난 희열을 느낀다.

첫째 아이가 초등 2학년 때, 먼 거리에 있는 학교의 과학대회에 참가한 적이 있었다. 대회 진행 시간이 2시간쯤 걸렸다. 함께 간 엄마가 우리끼리 먼저 집으로 돌아가자고 제안했다.

"아이들을 두고 가자고요?"

"하하하. 첫째 아이죠? 우리 애한테 너희들끼리 지하철 타고 오라고 했어요. 우리 애는 셋째인데, 제 형들보다 더 잘해. 나도 첫째 아이 키울 때는 몰랐어요. 너무 해준 거지. 오히려 셋째가 스스로 해내는 일이 더 많다니까. 믿어 봐요."

그 엄마가 아이들 손에 만 원짜리를 한 장 쥐어주더니 억지로 나를 밀어 차에 태웠다. 돌아오는 길 내내 불안했다. 돌아와 집 앞에서 그 엄마와 차를 한잔 마시면서도 불안했다.

2시간 뒤, 돌아온 첫째 아이는 환호를 질렀다.

"엄마, 지하철을 잘못 타서 반대로 갔거든요. 말씀드리고 빠져나와서 제대로 탔어요. 와, 처음에는 낯선 곳이라 심장이 쿵쿵거렸는데 결국 해냈어요. 잘 찾아왔잖아요. 정말 잘했죠?"

아이의 얼굴이 붉게 달아올라 있었다. 나는 엉덩이를 두드리며 무한한 칭찬으로 격려해 주었다. 덩달아 즐거워진 아이는 한동안 혼자서 집을 찾아온 일을 무용담으로 달고 살았다. 경험은 참으로 중요하다. 세 아이를 키운 엄마 덕에 중요한 걸 깨달은 셈이다. 엄마의 조바심을 거두니 아이들은 생각보다 잘 해낸다.

공부머리에도 조바심을 거두고 방법을 찾아보자. '책을 잘 읽어야 공부를 잘한다'는 좁은 생각에서 빠져나가자. 둘러보면 방법은 훨씬 많고 다양하다. 조바심처럼 아이를 힘들게 하는 일은 없다.

Point
책을 많이 안 읽어도 공부 잘할 수 있다.

카이스트는
하늘색이에요!

고분고분하게 시키는 것을 말없이 하는 첫째 아이를 보고 주위에서는 항상 이런 말을 했다.

"엄마들이 키워보고 싶은 아들 1위네. 어떻게 그렇게 엄마 말을 잘 들어?"

나중에 이 이야기 속에 숨은 진실을 알게 되었다. 첫째 아이는 엄마 말을 잘 듣는 아이가 아니라 엄마의 말을 들어주려고 노력하고 있었다는 걸 말이다. 중학교 3학년이 된 아이가 절규를 하며 폭풍처럼 사춘기를 쏟아낸 후, 많은 생각에 잠겼다.

'아, 우리 첫째 아이가 이런 생각을 하고 있었구나. 하고 싶은 말을 다 안 하고 있었구나!'

양보하는 아이, 항상 듣는 아이, 야단해본 적이 없는 아이였다. 그 래서 이대로 가면 다 괜찮은 줄 알았다. 아이가 고등학교 진학을 앞 두고 공부에 매진하던 때 제대로 안 풀려 스트레스를 받고 있는데, 위로한답시고 내뱉은 나의 말이 아이의 울화를 돋우는 일이 되고 말 았다.

"얼마나 죽을힘을 다해 공부하고 있는지 생각해 보셨어요? 저도 힘들다구요!"

아이는 괴성을 지르며 펑펑 울기 시작했다. 난생 처음 보는 장면 에 나는 몹시 당황했다.

"엄마가... 지금은 아무 말도 할 수가 없네."

나는 조용히 방문을 닫고 빠져 나왔다. 진정되지 않는 아이의 눈 물이 한두 시간은 이어진 것 같다. 펑펑 우는 자식을 방 안에 두고 참을 수 없는 진통을 느꼈다. 진통은 처음이자 마지막으로 그렇게 끝났지만, 이후 첫째 아이를 대하는 나의 태도는 많이 달라졌다. 원 래 그런 아이가 아니라 노력하고 있었다는 사실을 깨우친 뒤 아이를 대할 때 많은 걸 조심하기 시작했다.

굳이 자신을 드러내는 걸 좋아하지 않았던 첫째 아이는 엉뚱한 면 이 많은 편이었다. 어느 날, 옆집 아줌마가 집에서 담근 간장 한 병 을 선물로 주고 간 날이었다.

"엄마 오시면 전해 드려!"

1층에 살 때였는데 퇴근하면서 언제나 1층의 우편함을 확인했다. 그날도 우편함을 열었는데, 긴 털실이 이어져 있고 털실에 조그만 메모들이 줄줄이 붙어 있었다.

'현관으로 들어와 냄새를 맡아보세요.' '가족들이 함께 먹는 음식을 어디에 둘까요?' '이것으로 반찬을 만들어요.' '색깔이 아주 까매요.'

털실을 따라가니 우리 집 현관문이다. 7살 첫째 아이의 작품이었다. 메모를 따라가니 냉장고 안에 간장 한 병이 놓여 있었다.

나의 생일날, 중학생이 된 아이가 생일카드를 내밀었다. 기대를 잔뜩 하고 카드를 열었는데 달랑 수학 문제 하나가 쓰여 있다.

"이게 뭐야? 생일카드 맞아?"

다 잊어버린 수학 공식이었다. 아이들의 도움을 받아 문제를 풀어보니 좌우측 포물선 두 개가 하트를 나타낸다. 아하! 사랑을 전하는 하트 도형이었다.

무슨 책을 읽고 아이디어를 얻은 건지 자신만의 언어 암호를 개발해 편지를 쓰기도 했는데, 가끔 퇴근 후 할 일도 많은데 아이가 편지를 한 통 주면 반가움은커녕 한숨이 나왔다. 혹여 아이가 서운할까 싶어 끙끙대며 해독을 해야 했지만 정말 시간이 많이 걸렸다. 편지를 해독하려면 암호에 담긴 한글 기호를 익힌 뒤 풀어야 했다. 이 엉뚱함을 창의적이라고 하면 다행이지만 혹여 학교에 가서도 그러면 부적응으로 비춰질까봐 전전긍긍하는 날이 많았다.

8살 때로 기억된다. 〈백 투 더 퓨처Back to the future〉라는 영화를 몇 번씩 본 뒤에 시간여행에 몰입하며 아인슈타인의 상대성이론에 푹 빠져들었다. 6학년이 되어서는 아인슈타인과 초끈 이론을 설명하는 두꺼운 책을 들고 다녔다. 어느 날은 자신만의 상대성이론이라며 뭔가를 설명하기도 했는데 물리학을 공부하는 지금 예전 이야기를 하면 아이는 손사래를 치며 웃는다.

"저는 정말 평범한 아이예요. 그땐 과학을 좋아하다 보니 엉뚱한 헛소리를 한 거죠!"

아이는 한마디로 일축해버리지만 나는 그래도 그 엉뚱함 때문에 엄마 역할이 참으로 즐거웠다. 당연한 것을 당연하다고 말하지 않는 아이들의 엉뚱한 상상력은 아이들이라서 가능한 일이 아니던가. 그러한 엉뚱함으로 세상을 향해 새로운 도전을 이어나갈 것이다.

6학년 겨울 방학, 출근길에 첫째 아이를 도서관에 내려주고 퇴근길에 태우러 갔다.

"엄마, 오늘 제가 수학 몇 문제 풀었게요? 5시간 동안 한 문제요. 여러 가지 방법으로 풀어봤어요."

본인이 좋아하는 분야의 집중력은 놀랄 만큼 대단했지만 관심이 없는 일은 다소 게을렀다. 특히 레고 조립에도 흥미가 높아서 동생과 레고학원 가는 것을 가장 좋아했다. 대학원생이 된 지금도 레고샵을 보면 그냥 지나치지 못한다. 구경하는 것만으로도 얼굴에 생기가 넘친다.

좋아하는 과학 활동에 매진하도록 꾸준히 지원해 주었더니 학교의 과학의 달 행사에는 빠지지 않고 참여하면서 각종 대회에서 크고 작은 실적을 만들었고, 중학생 때는 여러 발명대회의 학교 대표가 되었다. 중학교 2학년 때는 카이스트와 포스텍에서 진행하는 '차세대 영재기업인 교육원'에 다녔는데 방학이면 오프라인으로 만나는 형과 누나들이 정말 똑똑하다며 닮고 싶어 했고 수업 내용 역시 아이의 큰 흥미를 끌었다.

과학을 좋아하면서도 5살 때부터 배운 바이올린을 재산목록 1호로 여길 만큼 대학 오케스트라 활동에도 활발하게 참여했다. 지금도 시간이 날 때마다 바이올린을 끌어안고 산다. 한동안 과학을 그만두고 음악도의 길을 가는 건 아닌가 했을 만큼 바이올린은 아이에게 큰 삶의 낙이자 위안이다. 그렇게 이어간 활동으로 아이는 아무런 주저함 없이 과학도의 길을 선택했다.

대학 입학 무렵, 두 대학을 놓고 선택을 갈등하는 아이에게 각 학교의 장점을 종이에 써보라고 했다. 결론이 나지 않을 때는 종이에 한 줄씩 쓰면서 생각을 정리하는 것이 큰 도움이 된다. 써내려 가다 보니 두 학교 모두 10가지가 넘는 장점이 나왔다고 했다. 결정을 못하고 망설이는 아이에게 마지막 질문 하나를 던졌다.

"음, 학교 이름을 딱 떠올리면 어떤 색깔이 연상돼?"

"카이스트는 하늘색이요! 다른 곳은 회색?"

결정은 끝났다.

뛰어난 과학 인재가 많은 그곳에서, 하루는 자신의 능력에 실망하고 하루는 자신의 능력에 기뻐하며 아이는 자신만의 길을 가고 있다. 자신의 선택을 끝없이 의심하며 현실적인 고민도 마주하리라. 그러나 현실적인 여러 고민과 난제 속에서도 자신이 가져온 꿈을 향해 갈 수 있다는 사실만으로도 생애 최고의 선물을 받은 것은 아닐까? 이제 해답의 키는 아이가 쥐고 있다.

Point

원하는 길을 가도록 도와주는 것이 최고의 자녀교육이다.

서울대와 만화광

수학문제를 풀던 초등생 둘째 아이에게 전화가 왔다.

"와, 완전 문제가 사기야. 18리터짜리 우유를 3명이 나누면 몇 리터씩 마실 수 있는지 묻는 문제인데, 엄마는 18리터 우유 본 적 있어요?"

어느 개그맨의 말대로 기가 막히고 코가 막혔다.

"18리터짜리 우유가 중요한 게 아니고 나누는 과정에 대해서 묻고 있는 거잖아."

"어쨌든 잘못된 문제잖아요."

공부하기 싫어서 핑계를 찾고 있는 건지 정말 문제가 문제라고 생각하는 건지 도무지 알 길이 없다. 설마, 행간의 의미를 읽지 못하고 있는 건 아닐까? 당장 걱정이 앞섰다.

또 한 번은 이런 적도 있었다. 수학 문제집에 직선 길과 구불구불한 길이 그려져 있고 어느 길로 가는 것이 더 빠를까를 묻는 문제였다. 그림으로만 유추해도 정답은 뻔한데 아이는 엉뚱하게도 구불구불한 오솔길에 동그라미를 치고는 제 나름의 논리를 폈다.

"보세요! 쭉 뻗은 직선 길은 정말 지루해서 걷다 보면 졸리거든요. 졸다가 천천히 가게 돼요. 그런데 이렇게 생긴 오솔길은 새도 있고 꽃도 있어서 시간 가는 줄 모르고 빨리 갈 수 있다고요. 이 문제의 함정이 여기에 있는 거라고요!"

이쯤 되면 수학 문제를 풀고 있는 건지 심리학 문제를 풀고 있는 건지 모를 정도다.

모든 것이 원하는 대로 잘 맞추어진 퍼즐처럼 비교적 수월했던 첫째 아이와 달리 별나고 독특한 사고의 둘째 아이를 학원에 맡기며 선생님께 그 엉뚱함을 넌지시 귀띔했다. 몇 개월 뒤 만난 선생님이 말씀하셨다.

"하하. 가르쳐보니 어머니의 말씀이 이해가 돼요. 그런데 고집도 있고 근성도 있으니 잘할 겁니다."

그 뒤, 다행인지 불행인지 어느 날부터 상식선에서 수학을 풀기 시작했다.

"선생님이 자꾸 그러면 안 된다고 하시니까 벌 받은 적도 있어요. 손 들고 벌서면서 허공에 대고 문제를 푼 적도 있어요. 선생님이 못

말린다고 하셨죠. 하하하."

애니메이션 감독을 꿈꾸는 아이이니 다소의 엉뚱함은 득이 될 수도 있다고 나를 위로했다. 둘째 아이는 자신이 제 형보다 머리가 나쁘다는 말을 입에 달고 살았으나, 근성만큼은 뒤지지 않았다. 본인이 주도적으로 집중해 공부하는 첫째 아이와 달리 둘째 아이는 시험 때면 한 달 전부터 요란하게 계획을 세웠다. 자다가도 모르는 문제가 떠오르면 반드시 다시 일어나 확인하고, 어느 날은 잊어버릴까봐 팔뚝에 써두기도 했다. 두뇌의 힘보다 포기하지 않는 엉덩이의 힘이 성적을 만들었다.

모든 엄마들이 첫째 아이에게 올인하다가 제 풀에 지쳐 둘째에게는 저절로 관대해진다. 자유와 방임이 미안하기도 했지만 대신 스트레스 받지 않으니 아이로서는 득도 있는 셈이다. 대학 입학식 날, 둘째 아이는 이렇게 인사했다.

"어머니, 방임해 주셔서 감사합니다."

학습에 있어서는 말 그대로 아무것도 하지 않고 초등 시절을 보냈다. 남들 다 간다는 영어학원 하나, 수학학원 하나 그리고 조금 다니다가 그만둔 과학학원이 전부였다. 대신 둘째 아이의 왕성한 학습의욕은 많은 체험 활동으로 이어졌다.

어린이기자, 각종 영어 말하기 대회, 영어 캠프, 지역사회 청소년 캠프, 학교 방송부원, 학교 학생회 임원, 지역 주니어 캠프, 다양한 봉사활동 등 아이가 즐기는 모든 것은 몸으로 움직이는 여러 체험들이었다.

어떻게 알고 참여했느냐는 질문을 자주 받는데, 정보는 발품 파는 만큼 얻어진다. 일단, 한 캠프에 참여하면 아이들을 데리고 오가면서 만나게 되는 엄마들이 꼭 있다. 멀뚱히 구경하지 않고, 적극적으로 다가가 인사하고 자판기 커피라도 나눠 마셨다. 전국 각지에서 모이다 보니 전국에 있는 다양한 체험 정보를 주었다. 종종 자신만 알고 있다는 듯이 자랑스럽게 이야기를 꺼내놓는 엄마들이 많았는데 기꺼이 들어주면서 이야기 속에서 팁을 얻었다. 엄마의 적극성은 자녀교육에 훌륭한 길을 만든다. 가만히 있는데 누가 와서 일일이 알려주겠는가. 내게 귀한 정보는 남도 쉽게 내놓지 않는다. 관계된 행사에 참가해 거기서 두 번째 정보를 얻는 셈이었다.

아이의 진로와 관계된 기관 홈페이지를 자주 방문하는 것은 기본이었다. 인터넷으로 필요한 정보를 많이 얻었는데, 특히 입소문난 맘카페 두 곳에 회원으로 가입했다. 주고받는 이야기들은 얻을 것이 많았다. 무엇보다 지역에서 발행하는 주간 정보지들을 뒤지면 참여할 수 있는 행사들의 정보가 많다.

중학생 때는 EBS의 청소년 시청자위원에 도전해 우수한 성적으로 합격하더니 고교 시절까지 몇 년간 활동을 이어갔다. 주말이면 1~2시간씩 걸리는 원거리의 유치원 동생들을 위한 영어 봉사활동을 했고, 미 대사관에서 주관하는 캠프에 영어 에세이를 써서 선발되기도 했다. 영어동화책 번역 감수 활동과 지역 초등생 동생들에게 바이올린을 가르쳐주는 봉사도 했다. 체험형 활동들은 적극적이고 진취적인 성격의 둘째 아이에게 여러 방면의 훌륭한 친구들을 사귀고 다채로운 경험을 배우는 고마운 기회가 되었다.

모두들 내로라하는 훌륭한 직업의 진로를 꿈꾸기 시작하는 초등 고학년 시절, 애니메이션 감독이 되겠다고 쉴 새 없이 만화책을 집어 드는 둘째 아이와 대화를 시도했다.

"〈코난〉은 어른과 아이 모두 좋아하잖아요. 우리나라도 그런 콘텐츠가 있으면 좋겠어요. 괜히 만화 본다고 하면 안 좋게 보잖아요! 청소년을 위한 재미있는 만화 콘텐츠를 만들고 싶어요. 어떻게 하면 청소년들이 제 만화를 많이 볼까요? 아! 방송으로 하면 어떨까요?"

아이는 며칠 뒤 환호성을 지르며 내게 달려왔다.

"야호, 찾았어요! 우리나라도 청소년을 위해서 방송에서 해준 만화가 있었대요. 〈달려라 하니〉라는 프로그램인데 KBS에서 해줬대요. 엄마! 나중에 KBS에 가려면 어떻게 해야 해요?"

아이는 또 며칠 열심히 인터넷을 뒤졌다. 그리고 KBS에 가는 방법을 꼼꼼히 찾았더니 인터넷에 이렇게 쓰여 있었다고 했다.

"KBS에 들어가려면?"

"SKY에 가세요!"

누가 달아났을지 모르는 이 한 줄이 중학교에 입학한 둘째 아이를 바꿨다. 정말 열심히 공부했다. 그리고 주말이면 보수동 헌책방 골목을 뒤지며 만화 전집을 사 모았다. 그렇게 책장 3개를 다 채웠다.

시험 때가 되면, 만화 책장을 테이프로 봉인하며 울먹인다.

"좀 기다려. 형이 시험 끝나고 돌아올게."

눈물 콧물 뺀 아이는 다시 공부에 몰입했다. 그렇게 최상위 성적을 유지해 나갔다.

한번은 이런 일도 있었다. 고등학교 입학서류에 독서기록을 쓰는데 아이는 만화책도 잔뜩 써냈다. 입학사정관에게 좋지 않은 인상을 줄 것 같아 빼라고 했더니 애니메이션 감독이 되고 싶은데 만화책이 왜 잘못이냐며 고집을 피웠다.

"입학사정관을 그렇게 오래 했어도 만화책 써온 녀석은 네가 처음이다."

독서기록을 훑어보던 입학사정관이 건넨 한마디에 아이는 가슴이 쿵 내려앉는 것 같았으나, 서류를 차근히 살피다가 '장래희망란'의 애니메이션 감독을 보고는 다시 말을 이었다고 했다.

"아하, 그랬군! 그래, 프랑스에서는 만화도 문학이야."

뻔한 자가소개서가 아니라 아이만의 특화된 자소서로 아이는 원하던 학교에 당당히 합격했다. 한결같이 지켜온 꿈이 있다는 사실만으로도 둘째 아이는 항상 자부심을 가졌다.

"엄마, 제가 선택한 길이 맞는 거겠죠? 잘할 수 있겠죠?"

고집이 강하고 근성 있는 아이들은 뜨거운 응원과 지지로 박수 쳐주는 것이 정답이다. 그럴수록 잘 해낸다.

"그럼, 네 선택을 믿으렴! 넌 뭘 해도 잘할 녀석이야!"

나는 기다린다. 둘째 아이의 애니메이션을 함께 모니터 하며 수다
떨게 될 한참 뒤의 그날을 말이다.

Point
아이에게 말해주자. "너의 선택을 믿으렴. 반드시 이룰 거야!"

9

공부의 기본은 체력이다

자식을 키우는 엄마 입장에서는 아이의 성별에 대한 기대감은 종종 혼란스럽다. 여자아이의 엄마들은 남자아이의 엄마들보다 발레를 더 많이 시킨다. 남자아이의 엄마들은 여자아이의 엄마들보다 과학을 더 많이 시킨다. 성별이 무의미해지고 있다 해도 엄마의 판단이 아이들의 성향에 영향을 미치게 된다면 무엇을 배우게 할 것인지 고민스러운 부분이다.

초등학교 3학년 딸이 있는 후배에게 문자가 왔다. 아이가 규모가 큰 과학대회에서 지역 대표로 선발되었다는 것이다. 흥분이 묻어 있는 문자에 진심으로 축하하는 마음을 담아 답문을 보내면서 나의 옛 시절이 떠올라 미소가 지어졌다.

남자아이 둘을 키우며 나도 모르게 성별에 대한 편견으로 판단한 일들이 있었을 것이다. 특히 어린 시절부터 과학에 몰입한 첫째 아이를 키우며 남자아이에게 과학공부는 필수 아닌 필수라고 생각했었는데, 중학교에 진학한 뒤 전국 규모의 여러 행사에 참여하면서 이것이 얼마나 무모한 편견이었는지를 깨닫게 되었다. 과학을 잘하는 여자아이들이 곳곳에서 경쟁자로 등장했던 것이다. 하물며 남자인 둘째 아이는 그다지 과학을 좋아하지 않기도 했다. 그런데 또 그렇다고 해서 모두 분야에서 아들과 딸이 똑같다고는 생각하지 않는다. 냉정히 말하면 분명 성에 따라 본능적으로 가지고 있는 성별의 특징이 존재하긴 한다.

사회학과 교수인 시누이는 먼저 아이를 키운 경험을 이렇게 말했다. "여성학을 공부하면서 그저 여성은 여성으로 키워질 뿐이라고 주장해왔는데 아들을 낳아 키우면서 조금 다른 생각이 들었어요. 키워지는 것 이전에 타고난 생물학적 기질은 분명히 있더라고요. 하지만 그럼에도 불구하고 진짜 중요한 건 부모가 어떻게 대하고 어떤 환경을 조성해 주었는가예요. 거기에 따라서 생물학적 특징도 영향을 많이 받는 거죠."

아들을 키우면서 로봇이나 자동차 말고 인형을 사줘볼까 잠깐 고민도 했지만 실천에 옮기지 못했다. 우연인지는 몰라도 둘 다 로봇은 좋아해도 인형은 별로 좋아하지 않았다. 요즘은 딸도 머리를 짧게 자르고 공주 옷 대신 파란색 내복을 입히며 관습에 따른 성별 구분 없이 아이를 키운다. 딸들의 전유물로 여겨지던 소꿉놀이 장난감도 남녀 구별 없이 사용한다. 장난감 총을 가지고 뛰어노는 딸들도 많다. 양육태도는 평등해져가고 있지만 아직 남아 있는 관습적인 환경이 성별을 더 조장하는 것인지도 모른다.

사내아이면서도 타고난 성정이 순했던 두 아이를 큰소리 한 번 내지 않고 키웠다. 보통의 남자아이들이 공차기를 좋아해 집 안의 화장대 물건을 한두 번씩 엎는다는데, 공을 차면서도 물건 한 번 엎어트리지 않았다. 남자아이라면 몸으로 먼저 놀 것이라는 편견을 뒤엎고 몸을 먼저 쓰지는 않았다. 한 번은 인라인 스케이트를 타다가 팔목에 금이 가 깁스를 하게 되었는데 나는 속으로 기뻤다. 좀 웃긴 이유였다. '우리 아이도 남자예요. 운동하다가 이런 부상도 당해요' 이런 생각이 들었으니 말이다.

나는 여자지만 종종 남성 같은 거친 본능으로 일을 처리할 때가 있다. 그러다가도 가슴속에 남은 여성성이 올라올 때도 분명히 있다. 때론 체력적으로 밀린다고 생각한 적도 있지만, 세밀함이나 치밀함은 여성들이 좀 더 앞서 간다고도 생각한다. 하지만 이 모든 것이 무슨 소용이 있는가. 요즘 세상에 남녀 운운하거나 아들딸 운운하는 사실 따위가 시대에 뒤처진 일이니 말이다.

대만으로 떠난 가족 여행을 와서 민박집에 짐을 풀고 아침에 일어나 관광에 나서려는데 거실에 나갔다 온 두 아이가 킥킥대며 뛰어들어왔다.

"아! 웃겨요. 엄마, 여기는 남자가 밥을 해요."

우리 아이들에게는 이런 장면이 웃긴 일이었다. 남편은 나서서 집안일을 하는 스타일이 아니다. 우리 부부도 모르는 사이 아이들에게 성 역할이 고정화되었던 것이다. 아이들은 부모를 통해 성 역할을 배운다. 이러다 장가도 못 가지 싶어 아이들에게 성 역할을 제대로 인식시켜주기로 했다. 어떤 역할을 떠나 무슨 일이든 엄마, 아빠를 가리지 않고 돕게 했더니 아이들은 서서히 환경에 적응하며 달라졌다. 대학원에 다니는 첫째는 집에 오면 설거지부터 한다. 피곤할 텐데도 주방으로 먼저 간다.

"엄마는 매일 하시잖아요."

둘째도 집에 있을 때면 직장에서 하루 종일 일하는 엄마를 위해 설거지를 도맡아 해준다. 차례나 제사가 있을 때도 두 아이는 재료를 손질하고 전을 부치며 음식 준비를 척척 잘 도와준다. 아이들은 시대에 맞춰 달라졌다.

딸의 첫 생리를 기뻐하며 축하파티를 해주는 아빠, 대학에 다니는 아들과 종종 포장마차를 다니며 소주잔 기울여주는 엄마처럼 역할의 금 긋기는 사라진 지 오래다.

예전에는 정부기관에 취재를 나가면 고시 출신의 남성 사무관 앞에 커피를 내오는 젊은 여성 공무원이 흔했지만, 이제는 고시 출신의 젊은 여성 사무관 앞으로 머리 희끗한 남성 공무원이 커피를 내오는 일도 자주 볼 수 있다. 우리는 아들과 딸을 키우는 것이 아니라 그저 한 사람을 사회적 인재로 길러내고 있는 것일 뿐이다. 다른 점을 차별로 보지 말고 그저 다른 점으로 볼 줄 아는 세상, 그래서 서로의 부족함을 채울 수 있는 세상이 왔으면 좋겠다.

나에게 아이를 키우며 가장 후회되었던 점을 꼽으라면 운동이다. 대개 운동은 남성인 아들들에게 권장되는 영역 같지만, 성별을 떠나 어린 시절부터 적극적으로 권장할 부분이라는 점에서 후회가 깊다. 체력은 학습 능력에도 큰 영향을 미친다. 둘째 아이는 고등학교에 가서 운동 잘하는 아이들이 공부를 할 때도 피곤함을 훨씬 덜 느낀다며 평소 체력을 좀 기를걸 하고 후회를 했다.

미국에 있을 때의 일이다. 토요일이면 아이들의 축구경기를 응원하러 온 가족이 점심 도시락을 들고 공원에 나왔다. 무엇보다 여자아이들의 축구경기는 매우 흔한 일이었다. 특히 딸아이의 축구경기에 환호하는 모습이 한국에서는 그리 흔한 일이 아니어서 아주 인상적이었다. 아침 7시에 출근하고 5시면 퇴근하는 미국의 아빠들은 오후 5시가 조금 지나면 공원에 모여 아이들과 비행접시를 날리며 놀아주었다. 퇴근 후 회식이며 업무에 지쳐 돌아오면 피곤에 찌들어 곧장 소파로 직행하는 한국의 아빠들을 생각하면 가장 부러웠던 모습이다.

체력이 기본이 되면 어떤 경쟁에서도 쉽게 물러서지 않는다. 다큐멘터리 취재를 위해 하버드와 MIT를 방문했을 때도 그들은 이구동성으로 운동으로 다져진 체력의 중요성을 강조했다. 나에게 시간을 되돌려 과거로 갈 수 있는 권한이 주어진다면, 나는 아들딸 가리지 않고 운동부터 생활화시킬 것이다. 성별을 떠나 체력은 아주 중요한 공통의 자산이다.

고등학교까지 그 많은 학습량을 이겨내느라 제대로 운동하지 못했던 첫째 아이는 대학생이 되고 나서야 넓은 학교를 자전거로 온종일 누비며 몸의 자유를 느낀다. 책상에 온종일 앉아 있느라 형만큼 크지 못했다고 안타까워하는 작은아이는 몸을 만든다고 열심히 헬스에 시간을 투자하고 있다. 바라볼 때마다 이제야 느끼는 몸의 자유가 미안하고 안타깝다. 아직 어렸을 때 밖으로 나가 뛰고 달릴 권리를 조금이라도 배려해주자. 몸이 자유로워야 생각도 쑥쑥 자란다. 체력의 기본기가 보장되어야 지력도 힘을 오래 받는다.

Point

운동할 시간을 꼭 배려하라. 체력이야말로 학습에 중요한 단서다.

1등을 유지하는
단 하나의 비결

"지금 이 자리에 계신 어머님들 다 1등 한 번씩은 해보신 거죠?"

학원의 한 설명회에서 연단에 선 강사의 이야기에 자리에 앉은 엄마들이 수군거린다.

"엄마도 공부 좀 해봤는데 공부가 제일 쉬우니 너도 1등 하라는 말씀이신 거죠? 아닌가요? 그럼, 나는 못한 1등을 너는 꼭 해야 한다는 생각이신가요?"

엄마들은 뜨끔하다가 깔깔 웃었다. 강사의 재치 있는 넉살에 우리의 학창 시절을 돌아본다. 죽어라 공부했는데도 옆자리의 친구보다 못한 성적을 받을 때 느껴본 절망감을 모를 리 없다. 분명히 내가 1시간씩 더 공부하고 며칠 더 밤을 샜는데, 경쟁자인 친구보다 안 좋은 성적을 받게 되었을 때 느낀 낭패감은 속이 미어지는 아픔이다.

그러나 우리 때보다 좀 더 좋은 환경 속에서 공부하는 요즘 아이들이 1등 하는 것은 한결 쉬워 보인다. 해줄 거 다 해주는데 왜 못하나 싶어진다. 1등 하는 아이나 우리 집 아이나 뭐가 다른지 이해가 안 갈 때도 있다. 그러나 공부하기 싫었던 마음, 죽기 살기로 공부해도 1등을 못해서 속상했던 일, 1등을 하고도 유지하기 위해 발버둥쳐야 했던 그 긴장감 넘치던 시절의 우리를 한번쯤 돌아본다면 아이를 이해하는 일이 조금은 쉬워질 것 같다.

엄마인 나는 참 경쟁심이 강했다. 함께 공부하다가 옆자리의 친구가 잠이 들면 쾌재를 부르며 공부했다. 그러다가 그 친구가 일어날 기미를 보이면 얼른 자는 척을 했다. 친구가 마음을 놓도록 말이다. 그렇게 1등을 차지하면 다시 또 그 자리를 지키기 위해서 놀지 못하고 책상에서 쪽잠을 자며 얼마나 많은 밤을 지새우고 불안해했던가.

대단한 스포츠 스타들이 등장해 한국 사회를 휩쓸 때마다 나의 마음은 한쪽이 아려왔다. 모두가 스타 플레이어가 되는 꿈을 꾸지만 조명 받지 못하는 후보 선수들이 대부분인 것이 현실이다. 누구나 처음부터 손흥민이 될 수는 없고 박지성이 될 수는 없다. 천재적인 실력자는 어디나 존재한다. 그들을 보며 미리 절망할 필요도 없다. 각자의 재능이 달라서 목표에 이르는 길도 다르다.

공부는 그런 재능보다는 성공할 가능성이 한결 높다. 성적 좋은 친구들이 모두 아이큐가 높은 것은 아니다. 대개는 밥 먹을 시간도 아끼면서 공부한다. 깨어 있는 시간 전부를 공부에 투자할 만큼 공부한다. 그 치열한 노력이 제대로 보이지 않으니 '머리가 좋아서', '타고나서'라고 쉽게 한마디로 일축될 뿐 할 수 있는 모든 노력을 다 하고 있다. '누구나' 할 수 있는 공부, '누구도 따라올 수 없을 만큼' 해야 한다. 그래서 흔히 남다른 인내심으로 정성을 들이라고 한다. 그렇다면 내신에서 1등이라는 고지는 불가능한 것은 아니다.

둘째 아이가 다니는 서울대 경영학과에는 수능 만점자가 많다. 상위 1%라고 불리는 아이들은 공부가 즐겁기만 했을까? 견디고, 효율적인 자신만의 방법을 찾고, 쉼 없이 노력한 결과다.

아침잠이 많은 친구가 최상위권 친구의 아침 공부를 따라 하면, 꾸벅꾸벅 졸면서 시간만 낭비할 뿐 효율이 오르지 않는다. 차라리 아침에 늦게 일어날 각오를 하고 자신의 신체리듬에 맞게 늦은 밤 공부하는 것이 나을 수도 있다. 우수한 성적을 꿈꾼다면, 최선을 다할 각오가 되어 있다면 일단 자신에게 맞는 공부의 옷을 찾는 것이 중요하다.

성적이 상위 1%인 아이들의 공통점

1. 성적에 대한 목표가 구체적이고
2. 왜 공부를 해야 하는지에 대한 이유가 명확하며
3. 자신에게 맞는 공부법을 알고 있다.

외고 입학이 목표인 학생 A의 예를 보자.

"이번에는 등수를 5등 더 올려야지(성적에 대한 구체적인 목표 설정).

이번 기말고사에 꼭 10% 안에 들어야 원하는 고등학교에 들어갈 내신이 되니까(공부를 해야 하는 명확한 개인의 이유).

국어는 수업시간에 집중해서 들었으니 조금 덜 봐도 되겠고, 아무리 열심히 들어도 어렵게 느껴지는 수학에 좀 더 공을 들여야겠어. 게다가 좀 덤벙대서 아는 문제를 자꾸 틀리니까 꼭 오답노트를 만들어서 자주 틀리는 문제를 집중적으로 봐야겠어(구체적인 공부법을 알고 실행)."

흔히 말하는 서울대 진학생들의 경우 공부를 할 때 '왜, 무엇을, 어떻게 해야 하는지'에 대한 이해가 남다르다. 그리고 무턱대고 열심히 하는 것이 아니라, 목표 설정 후 계획을 세우고 자신의 방법을 찾아내서 효율적으로 공부한다.

첫째 아이는 친구가 물어보는 문제를 꼼꼼히 풀어주느라 정작 자기 공부를 뒷전으로 미루거나 거기에 시간을 많이 할애해서 나를 속상하게 만들 때가 많았다. 친구를 돕는 일을 뭐라 할 수도 없으니 말이다. 그러나 그건 근시안적인 생각이었다. 친구들을 도와주며 수업 내용을 오히려 완벽히 다지는 기회가 되기도 했다.

둘째 아이는 시험공부를 할 때마다 항상 몇 권의 별도 노트를 준비해 빼곡하게 다시 정리하면서 핵심내용을 반복하며 이해했다. 노트 정리에 다소 시간이 걸리긴 하지만, 이해하고 쓰면서 머리에 각인

시키는 방법으로 수업시간에 배운 것들을 다시 정리하며 내신 성적을 지켜갔다.

원하는 등수가 있다면 목표를 설정하고, 해내야 하는 이유를 정한 후, 자신만의 공부법을 찾아내는 것이 가장 중요하다. 자신에게 맞는 효율적인 공부법을 찾은 뒤에는 인내심을 발휘해야 한다. 그것이 내신 1등을 유지하는 단 하나의 비결이다.

Point

아이에게 가장 잘 맞는 공부법을 스스로 찾게 하자.

4장

어떻게 소통하면
아이가 행복할까?

적당한 결핍이
성취를 부른다

아이가 어린 시절, 모든 엄마들이 한두 번은 경험하는 일이 있다. 밥을 제대로 안 먹으면 수저를 들고 아이를 쫓아다니는 일이다. 소아과 전문의들은 아이들의 식습관을 고치기 위해서라도 그렇게 하지 말라고 권유한다. 1시간 동안 애걸복걸 사정해서 겨우 두어 숟가락을 받아먹으면 속이 터진다. 전문가의 조언대로라면 밥상을 치워야 하는데 하루 종일 먹은 게 없으니 혹여 아이가 탈이 날까봐 이러지도 저러지도 못하는 게 엄마 마음이다.

그런데 잘 생각해보자. 억지로라도 한술 먹게 하는 것이 바른 육아일까. 섭식 장애가 아니라면 식습관의 태도에서 기인되는 문제인데, 이런 문제를 고치기 위해서는 다음과 같은 몇 가지 원칙을 지켜야 한다.

먼저, 식사 중 주위를 분산시키는 TV, 게임, 휴대폰, 장난감, 책 등이 없는지 살펴보고 제자리에서 먹도록 알려주어야 한다. 중간에 음료를 마시거나 군것질을 못하게 하고, 음식의 양을 먹고 싶은 만큼 아이가 정하게 한다. 그러나 무엇보다도 중요한 것은 먹기 싫다고 할 때 단호하게 밥상을 치워야 한다는 것이다. 결핍의 원리를 이용하는 것이다.

밥을 안 먹을 때 엄마의 마음이 애가 탄다는 것을 아이들은 경험적으로 익히게 된다. 그 순간을 이용해 다른 욕심을 채우려고 떼를 쓸 때 결코 지면 안 된다. 주위에 놓인 밥이 사라지면서 결핍이 생길 수도 있다는 걸 깨우치면 먹고자 하는 욕구가 강해진다. 넘치도록 옆에 있으면 관심이 없다가도 함께 먹는 친구들이 많아지면 경쟁심이 생겨 먹게 되는 것처럼 말이다. 엄마의 단호한 태도로 음식이 결핍될지 모른다는 두려움을 갖게 하면 아이는 제때에 식사를 해야 한다는 것을 깨우칠 것이다. 아이를 키우다 보면 식습관뿐만 아니라 다른 면에서도 적절하게 결핍을 경험하게 하는 것은 긍정적인 효과가 있다.

수학 문제를 풀다가 답이 안 나와서 한 번 더 생각하고 있는데 누군가 정답을 바로 알려준다고 생각해보자. 공부는 인내한 뒤 성취를 얻어내는 과정인데, 너무 쉽게 채워지면 게을러질 수밖에 없다. 본능적인 욕구로 자발적인 태도를 갖게 하려면 적절하게 결핍을 느끼게 만들어야 한다.

"나 피아노 배워볼까?"

말을 꺼내자마자 당장 피아노학원을 접수해 주거나 피아노를 사 준다면 배움에 대한 갈망이 쉽게 줄어들고 말 것이다. 말만 꺼내면 척척 이루어지는 쉬운 일에 무슨 열정이 생기겠는가. 정말 피아노가 배우고 싶어 안달이 날 정도로 왜 배워야 하는지 이유를 설명하게 하고, 해보고 싶은 이유를 스스로 정립할 때까지 시간을 주면서 결 핍의 분위기를 만들어주는 것은 성취에 큰 자극이 된다.

간절히 원하던 것들이 막상 성취되었을 때의 열정이란 한결 뜨겁 지 않던가. 아이가 스스로 원하고 움직이기를 기다리는 것은 매우 중요하다. 원할 때 바로바로 해주지 못하면 내 아이가 뒤처질 수 있 다고 걱정하는 것은 지나친 우려다.

내 아이를 꼭 보내고 싶은 캠프가 있다고 치자. 원치 않는 시기에 아이를 떠밀 듯 보내면 아무리 좋은 캠프라 해도 얻어오는 것은 미 미하니 그저 엄마만 만족할 뿐이다. 흥미로운 정보로 아이의 마음을 돌려놓고 자신이 원할 때 뜸을 좀 들이다가 의지를 보일 때 선택을 도와주자. 욕심이 나서 계획을 세운 뒤 갈망하는 마음으로 성취가 되었을 때 아이들은 비로소 적극적인 태도를 갖는다. 본인이 선택하 지 않으면 포기도 빠르고 후회도 많다. 절실해야 어려움에 대한 각 오도 생기는 것이다.

특히 무엇보다 경제관념에 있어서도 마찬가지였다. 나는 결핍의 원리를 이용해 아이들에게 강하게 인식시켰다. 아이들이 어렸을 때부터 스무 살이 넘으면 많은 걸 자발적으로 해결해야 된다고 가르쳤다. 초등학생 때는 1주일에 500원씩 한 달 2000원의 용돈을 지급했다. 기본적인 학용품이나 간식 등은 집에서 다 해결해주니 용돈으로는 친구의 생일선물이나 원하는 스티커 등을 사는 정도였다.

용돈을 줄 때는 어떤 계획으로 무엇에 얼마를 쓸 예정인지도 항상 소통하며 이야기를 나눴다. 엄마가 쓸 돈을 참견하는 것이 아니라, 아이가 쓸 돈에 조언을 해준다는 인식이 들도록 이야기를 나눴다. 아무리 철이 없는 어린아이들이라고 해도 부모의 돈을 원할 때 계획 없이 받아 갈 수 있다고 생각하는 건 문제라고 여겼다.

얼마 전 모임에 갔더니 용돈을 펑펑 쓰는 대학생 딸 때문에 고민인 친구가 있었다.

"매달 1일만 되면 빚 받아 가듯이 전화가 오는 거야. '엄마, 1일이에요!' 왜 용돈을 안 넣었냐 이거지. 아니, 나한테 맡겨 놓은 돈 찾아가는 것도 아니고 도무지 미안해하는 구석이 없어."

용돈의 소중함을 전혀 모르는 아이, 엄마는 가보지도 못한 레스토랑에 가서 엄마카드를 자연스럽게 쓰는 아이, 헤어샵과 마사지샵을 부담 없이 드나드는 아이, 부모에게 받는 용돈을 너무 당연하게 여기는 아이들로 인해 서운하다는 부모들도 많다.

부모 자식 간에 계산을 하고 돈을 주고받을 일은 아니지만, 적어도 부모에게 감사를 전하고, 조금은 아끼려는 의지를 보이는 것은 향후 자립을 위해서도 필요한 경제적 마인드다. 또한 부모와 자식 사이의 예의는 매우 소중하다. 그런 생각을 자주 피력한 덕인지 아이들은 용돈이 떨어지면 죄송함을 잔뜩 담은 목소리로 연락을 한다.

"엄마, 죄송해요. 이 달에 좀 많이 썼나 봐요. 다음 달엔 좀 더 아껴 쓸게요. 항상 감사합니다."

빈 소리일지라도 그런 이야기를 들을 때면 고맙고 다행이라는 생각이 든다.

어느 날 고교생인 둘째 아이가 물었다.

"엄마는 대학 다닐 때 아르바이트로 학비를 버셨다고 하셨잖아요. 저희한테는 다 해주실 거예요?"

"너희가 대학에 가면 '등록금, 용돈, 생활비' 결핍 3종 세트를 줄 거야. 장학금 흔한 세상에 열심히 공부해서 등록금 벌고, 젊으니까 경험 삼아 몇 시간 투자해서 용돈도 벌고, 부지런히 발품 팔아서 생활비도 줄이고. 이게 결핍 3종 세트야! 할 만하겠지?"

아이가 갑자기 줄어드는 목소리로 말한다.

"대학 들어갈 때 첫 등록금만 내주시면 안 돼요?"

겁먹고 걱정하는 아이가 귀엽기만 하다. 다행히 결핍 3종 세트로 아이들을 괴롭힐 새 없이 열심히 공부해 장학금도 받아오고, 틈틈이 아르바이트해서 용돈도 벌고, 젊은이들이 탐닉하는 명품에도 관심이 없다.

학부모 강연에 나가면 많은 엄마들이 똑같이 하는 공통적인 이야기들이 있다.

"시험 때가 되면 온 가족이 까치발을 들고 다녀요. 새로 나온 참고서는 아이 시간 안 뺏으려고 제가 득달같이 서점으로 뛰어가고요, 무슨 과목이 부족하다 하면 좋은 선생님도 알아보고, 집에서 공부가 안 된다고 할 때는 독서실도 끊어주죠. 해달라는 거 다 해주는데 뭐가 부족해서 공부가 안 된다는 걸까요?"

오랜만에 청소나 할까 마음이 막 움직이려는 찰나에 "청소 좀 해" 하며 청소기를 턱 갖다 준다면 마음부터 사라진다. 공부 좀 해볼까 하는 마음으로 책상에 앉았는데, 새로 나온 참고서를 척척 책상 위에 쌓아준다면 일단 부담이 앞서지 않겠는가?

간절하지 않을 때 먹는 산해진미보다 정말 배고플 때 먹는 찬밥 한 그릇이 더 간절하다. 공부도 마음이 움직여야 결과가 나온다. 부족해지기 전에 무엇이든 해주겠다는 빠른 물량 공세는 아이를 오히려 지치게 할 수 있다. 스스로 간절해질 때까지 기다리는 부모의 지혜로운 전략이 필요하다.

인디언들이 기우제를 지내면 반드시 비가 온다고 한다. 비가 올 때까지 기우제를 지내기 때문이다. 간절하지 않은 선택들은 성공보다 실패가 더 많다. 아이가 간절해질 때까지 포기하지 말고 인내심을 갖고 기다려보자. 인내심이 결과를 만들어줄 것이다.

Point
배고플 때 먹는 밥이 더 맛있다.

일관성 있는 양육태도가
아이의 재능을 꽃피운다

올해 18살인 도쿄올림픽에서 화제를 모았던 탁구선수 신유빈. 그녀는 9살에 탁구신동으로 신문에 소개되었는데 인터뷰 내용이 흥미로웠다.

"목표는 바뀔 수도 있는 건데, 자꾸만 신동이라고 하면서 금메달을 딸 거라고 말하는 어른들이 부담스러워요."

천진난만하게 고백한 그녀는 4살 때부터 선수 출신 아빠에게 즐겁게 탁구를 배웠고 2020 도쿄올림픽에서 화려한 실력을 펼쳐 보이며 유망주로 뛰어올랐다. 이후 국제대회에서 연일 승전보를 울리는 모습을 보니 딸의 재능을 잘 찾아 키워낸 아빠가 대단해 보였다. 그 길이 쉽기만 했을까? 재능을 찾아내기는 쉬워도, 그 재능을 꽃피우기는 쉽지 않다. 지친 아이를 무한히 응원하고, 싫증 내는 아이를 독려하며 기다려주는 일관성 있는 자세만이 성공에 이를 수 있다.

아이들의 재능은 양육자의 태도에 따라 드러나거나 묻혀버린다. 사교육비만 펑펑 쓰는 극성이 아니라 정성으로 아이의 기질을 제대로 관찰해야만 재능이 키워진다.

"엄마! 바퀴는 왜 동그래요?"

먹고살기 힘들었던 시절, 대여섯 명의 아이들을 키우며 대가족을 돌보기에 바빴던 70년대 엄마들은 생각할 겨를이 없었다.

"원래 그런 거야."

사는 일이 한결 나아진 80년대 엄마들은 한 걸음 더 진보했다. 찾아보려는 노력은 한다.

"왜 그런지 이따 찾아보자."

90년대 이후, 각 분야의 영재를 키워낸 발 빠른 엄마들은 마음만큼 몸도 빠르다.

"왜 그럴까? 지금 당장 함께 찾아볼까?"

경제, 의학, 역사, 과학, 음악 등 어떤 분야를 막론하고 손바닥 안의 인터넷은 순식간에 우리의 궁금증을 풀어주고 있다. 이제 아이의 재능은 그것을 어떻게 대해 주느냐에 따른 양육자의 태도가 중요한 변수가 되고 있다.

그러나 무엇보다 어려운 건 '지속성'이다. 한두 번은 자상한 엄마 코스프레를 하다가도 어쩌다 마음의 상태에 따라 불쑥 짜증을 내고

변덕을 부린다면? 교육 전문가들은 부모의 일관성 있는 태도를 거듭 강조한다. 이런 태도는 내 아이의 어떠한 상황도 감내하고 기다릴 줄 알아야 한다는 인내심을 의미한다.

2010학년도부터는 법이 바뀌었지만, 그 이전만 해도 당해 3월부터 이듬해 2월 안에 태어난 아이들이 함께 초등학교에 입학할 수 있었다. 2월생인 첫째 아이의 입학 시기를 두고 고민을 했다. 3월생 아이들과 거의 1년 차이가 나는 셈인데 제대로 따라갈 수 있을까? 특히 그 나이때는 1년 밥이 무섭다고 하지 않던가!

아이들의 취학 연령에 대한 많은 연구들이 있어 왔는데, 나이가 어릴수록 또래 관계, 학교 적응력 등 사회성 기술이 부진하다는 연구가 많았다. 그러다 보니 1, 2월생 부모들의 입학유예가 유행처럼 번지던 때였지만 다 타고난 제 운이라는 생각으로 첫째 아이를 7살에 입학시켰다. 모든 것이 느린 아이는 인내심 많은 담임선생님을 만나 다행히 학교생활을 무난히 이어갔다. 한글을 다 떼지 못하고 학교에 간 아이가 받아쓰기 문제를 틀렸을 때도 "괜찮아. 배우면 되는 거야!"라고 따뜻하게 격려해 주시니 비교적 주눅 들지 않고 제 길을 갔다.

어느 날은 모두 교과서를 꺼내 책상에 올려 두었는데, 책에 빠지면 앞뒤 못 가리는 아이가 다른 책을 읽고 있었던 모양이다. "교과서 꺼내야지!"라는 엄한 훈계가 아니라 "이제는 공부할 시간인데……"라고 조용히 타이르며 다가오신 선생님 말씀에 그제야 교과서를 꺼냈다는 아이. 그렇게 기다려 주시는 선생님과 1년을 보냈다.

학교에 입학하기 전부터 동네 친구들이 수학 학습지를 열심히 하고 있었다. 꼭 필요할까 싶어 그냥 두었는데 사칙연산을 못하면 수학 실력도 망치는 거라는 옆집 엄마들의 채근이 이어졌다. 염려스러운 마음에 담임선생님과 상담을 했다.

선생님은 초등 1학년 수학은 1에서 10까지 보수 개념을 정확히 파악하는 게 우선이라며 걱정을 덜어주셨다. 연산을 반복하면 '1+□=10'의 문제를 보자마자 그냥 '9'라고 암산을 한다는 것이다. 10에서 1을 빼야 9가 된다는 생각으로 '10-1=9'라는 식을 세우는 과정이 필요한데 반복된 연산은 무조건 암산을 하게 만들어서 수학의 풀이과정을 오히려 방해한다고 하셨다. 불안이 컸지만 말씀을 믿고 기다리기로 했다.

초등 1학년이 끝나갈 무렵 담임선생님은 늦된 첫째 아이와의 여러 에피소드를 들려주시며 마음에 남을 귀한 가르침을 주셨다.

"초등 담임을 하다 보면 아이들을 기다려줘야 할 일이 정말 많습니다. 때론 기다림이 오래 걸리는 아이들도 있죠. 문제는 부모가 기다리지를 못한다는 겁니다. 정말 안타깝죠. 그런데 어머니, 이 아이는 저의 교직생활 중 기다림을 가장 보람되게 만들어준 아이입니다. 조금 늦어도 참고 기다려 주세요. 반드시 잘 해낼 겁니다."

선생님의 말씀은 무엇과도 바꿀 수 없는 귀한 철학이 되었다. 아이가 늦된 순간마다 말씀을 곱씹었다. 아무리 느려도 일관성 있는 태도로 기다려야 한다는 소중한 가르침을 기억했다. 3학년 겨울 방학, 아이가 드디어 학원 이야기를 꺼냈다.

"엄마, 저도 학원 가고 싶어요. 아이들이 수학 문제를 빨리 푸는데 저는 너무 늦어요."

문제를 풀어보게 했다. 답을 꺼내는 속도는 느렸지만 과정을 논리적으로 설명하고 있었다.

"이렇게 답을 찾으려면 요렇게 더해줘야 하거든요. 그럼 저렇게 답이 나와요."

4학년 봄, 처음으로 수학 학원에 등록했다. 두 달 만에 제 또래 아이들의 진도를 따라가더니 3개월 만에 앞서가기 시작했다. 불안을 딛고 기다린 보람이 있었다.

아이의 재능을 발견했다면, 재능을 키워줄 부모의 인내심부터 챙겨야 한다. 흔들림 없이 일관성 있는 태도로 아이를 지지해주는 기다림이 결국은 아이의 재능을 보석처럼 빛나게 한다.

Point
부모의 응원을 먹고 아이의 재능이 자란다.

아이를
객관적으로 바라보자

초등 6학년, 둘째 아이가 중학교를 배정받았는데 그 학교에 엄마들의 항의성 전화가 쏟아졌다는 소문을 들었다. 동네에 문제아로 유명한 아이가 있었는데 그 학교에 배정되었다는 것이 이유였다. 도대체얼마나 대단한 아이기에 입학식도 하기 전에 제발 그 아이를 다른곳으로 보내달라는 항의성 전화가 빗발칠까 궁금했다. 마침 그 아이에 대해 알고 있다는 동네 엄마가 있어 물었더니 답이 기가 막혔다.

"개 벌써부터 질이 안 좋은 중학생들 심부름을 한대. 담배도 사다주고 술도 사다 준대. 그런데 말이야! 문제는 개가 아니라 개네 엄마야. 남들 다 아는 그 애의 문제를 제 엄마만 모른다는 거지."

친구는 혀를 차며 걱정을 했다. 남들 다 아는 아이의 문제를 엄마만 모른다니, 마음이 뜨끔했다. 사실 내 자식을 내가 제일 잘 안다고 하면서도 종종 문제가 생기는 아이들의 뉴스를 보면 엄마는 전혀 모르고 있던 경우가 많지 않은가. 더구나 사춘기에 접어드는 초등 고학년이나 중학생이 되면 아이들은 자신들의 일을 미주알고주알 부모에게 털어놓지 않으니 이런 경우가 많기도 하다.

그 아이의 이야기로 동네가 시끄러웠던 날, 다른 엄마는 이런 이야기도 했다.

"우리 딸이 그러는데, 걔가 친구들 앞에서 그러더래. '사고 싶은 휴대폰이 나와서 새로 살 건데 이거 잘 봐' 하고는 쓰던 휴대폰을 길 하수도에 빠뜨렸대. 애들이 다 놀라서 엄마한테 안 혼나냐고 그랬는데 다음 주에 새 폰을 들고 왔다는 거야. 엄마한테는 잃어버려서 죄송하다고 눈물까지 흘리며 빌었더니 엄마가 금방 새 폰을 사줬다는 거지. 애들 앞에서 무용담처럼 늘어놓더래. 어쩌니!"

그 아이의 엄마가 아는 아들은 순한 양처럼 예의 바른 아들이었다. 참다못한 주위 엄마들이 솔직하게 이야기를 전달했다가 싸움만 날 뻔했다고 한다. 아이는 엄마 앞에서 잘 보여야 얻어낼 게 많다고 판단했는지도 모른다. '내 아이는 내가 다 안다'는 말처럼 위험한 말이 또 있을까 싶다. 나는 그저 내가 보고 싶은 대로 내 자식을 보고 있는지도 모른다. 그래서 더 잘 안 보인다.

아이를 한 명 이상 키우다 보면 그 속을 일일이 알기란 쉽지 않다.

한 아이도 마음을 헤아리려면 쉽지 않은데, 둘 이상이면 아이들의 마음을 온전히 파악하는 건 큰 숙제가 되고 만다.

부모 마음에도 가끔은 갈등이 생긴다. 비가 오면 양산 파는 아들 때문에 걱정하고 해가 나면 우산 파는 아들 때문에 걱정했다는 어머니의 이야기처럼 잘된 자식보다 안쓰러운 자식이 먼저라고 하는데, 요즘은 첫째 아이부터 모든 정성을 쏟는 것 같다.

처음이라서 신중하기도 하지만 처음이라서 실수도 많다. 욕심을 부리다가 아이의 뜻과는 다른 길을 강요할 수도 있다. 처음으로 쏟는 열정이라서 에너지는 뜨겁고 강렬하다. 처음이라 실패도 많다 보니 아이는 늘 시달리게 된다.

영어 어린이 아나운서를 선발하던 면접장에 영어를 잘한다고 소문이 자자하게 났던 아이가 왔다. 그런데 아이가 긴장을 많이 했는지 실력이 발휘되지 않았다. 시험은 상대 평가이니 다른 아이들에게 실력이 뒤처져서 떨어지고 말았다. 합격자 발표가 나고 그 엄마는 우리 아이가 왜 떨어졌는지 모르겠다며 불평을 늘어놓았다.

내 아이만 보던 엄마는 내 아이가 다른 아이들과 어떤 차이가 있는지 제대로 알 수 없었을 것이다. 엄마 앞에서는 당당히 잘했을지 모르지만 그날의 아이는 매우 주눅 들어 보였다.

가끔 시험을 보고 나면 도대체 내 아이가 왜 떨어졌는지 모르겠다는 엄마들을 본다. 이유가 없을 리 없다. 내 아이를 두고 가장 객관적이 될 수 없는 사람이 바로 '제 엄마'가 아닐까. 나라고 다를 리 없다. 그러나 이런 일을 자주 겪으면서 오히려 엄마인 내가 내 아이를 가장 잘 모르고 있는 것은 아닐까 종종 불안해지기도 한다. 아이 앞에서 객관적인 엄마로 자리하는 것은 노력이 필요하다.

한 걸음만 뒤로 물러서서 아이를 보자. 자신을 위한 변명이나 아이를 위한 핑계는 내려놓고 씌워진 콩깍지를 벗으려고 노력해보자. 너무 가까이에 있으면 제대로 보이지 않는다. 내 아이를 객관적으로 보는 일은 아프기도 하고 실망스럽기도 하고 불편하기도 하다. 그러니 진심으로 애써야 할 것이다. 아이의 말도 주위의 평가도 고스란히 마음에 담아보자. 보고 싶은 대로가 아니라, 보이고 있는 대로 볼 줄 아는 혜안은 마음의 욕심을 조금 내려놓을 때 비로소 생길 수 있다.

Point
한 걸음 뒤에서 보아야 더 많이 보인다.

아이의 눈높이에
맞게 공감하라

우리는 가끔 누군가와 대화를 나눌 때 혈액형을 묻거나 형제 중 몇째인지를 묻고 고향을 물으면서 나름의 선입견을 갖게 된다.

"혹시 장녀세요?" "아, 둘째라서 독립적이구나." "셋째? 귀여움 많이 받으셨겠네요."

형제자매 사이의 출생 순서가 성격 형성에 영향을 미치는 것은 사실이다. 대개의 장남과 장녀는 책임감과 배려심이 강하고, 둘째는 매우 독립적이며 의지가 강하다. 셋째의 경우 상황적으로 의존적 성향이 있다는 것이 대체적인 분석이다.

요즘은 하나 또는 둘이 대세를 이루니 모두가 장남, 장녀지만 둘, 셋의 경우 그 성향이 분명히 구분된다. 특히 외동이 많은 요즘, 형제자매 사이에서 저절로 익히게 되는 본능적인 규칙들을 배울 수 없어 어려운 점이 많다는 엄마들도 자주 만난다. 최소한 둘 이상은 낳아야 한다는 어르신들의 이유를 아이를 키우면서 깨우쳐 본다. 형제자매 사이의 규칙은 부모가 가르치는 규칙과는 다르기 때문이다.

신입 PD와 점심을 같이 했다. 3남매 중 둘째라는 말에 몇 가지 특성을 얘기하니 공감하며 격하게 고개를 끄덕였다.

"무슨 일이든 자기주도적으로 열심히 하고 자기애가 강한 편이지? 누군가 자신에게 결론을 내려주기보다는 자신이 내린 결론에 동감해주기를 바라고 말이야!"

"어떻게 아셨어요? 저희 엄마도 늘 그렇게 말씀하세요. 사실, 결론은 제가 다 내놓고 엄마에게 의견을 물어요. 제 의견에 동조해 주시고 적극 지지해 주시기를 바라면서요. 반대하시면 자꾸 더 고집이 세져서 억지로라도 주장하게 되는데 막상 그렇게 하라고 응원해 주시면 덜컥 책임감이 생기면서 더 열심히 하게 되죠. 둘째들의 특징들이 대개 그렇더라고요."

신입 PD의 말처럼 둘째 아이와 소통할 때는 둘째라는 특성을 살피며 다가갔다.

충남 공주의 기숙사 학교에 다녔던 둘째 아이 역시 자신의 결정에 엄마의 공감이 필요할 때마다 공중전화로 전화를 걸었다. 대개는 엄마의 의견을 묻는다기보다, 자신이 결정한 사항을 전달하는 수준이다. 그리고는 은근히 '엄마, 나 잘했지?' 하는 속마음을 감추지 못한다. 그래서 그럴 때 의문을 가지고 물어선 안 된다.

"꼭 그렇게 해야 해?" 하며 반대 의사를 비치면, 무섭게 열변을 토하며 자신의 입장을 옹호하는 의견이 이어진다. 그러나 반대로 "잘했네. 믿어! 잘할 거야. 그렇고 말고." 이렇게 답하면 자신이 느꼈던 부담감과 문제점까지 들추며 일사천리로 적극성을 보인다.

자녀교육 프로그램을 연출하며 다양한 전문가들을 만나고 얻은 결론이 있다. 최고의 대화법은 무조건 공감이나 칭찬이 아니라 '아이마다 다르게 공감하기'라는 것이다. 기질이 다른 아이들을 각 성향에 맞는 단어로 응수해주는 것이 중요하다.

주말에 집에 와서도 쉬지도 못하고 밀린 공부를 보충하고 과제물을 준비하느라 정신 없던 큰아이. 매주 월요일이면 학교 기숙사로 가야 해서 출근길에 아이를 태우고 학교로 갔다. 학교에 도착해서 차에서 내릴 때가 되면 화들짝 놀라 졸다 만 눈을 비비며 이렇게 이야기한다.

"어! 엄마, 가방을 집에 놓고 왔어요"라던가 "어! 엄마, 안경을 안 쓰고 왔네요. 어떻게 하죠?"

멀뚱하게 나를 쳐다본다. 출근길에 아이를 데리고 갔으니 나도 회사에 가야 하는데 이 굼뜨고 답답한 녀석을 어찌하나 싶어서 잔소리를 퍼부으려다가 큰아이의 성정을 잘 아는 나는 그저 어이없는 웃음을 보이고 만다. 차에 타서 1분도 안 되어 단잠에 빠진 채로 학교에 도착하는 아이에게 "정신 차려서 준비했어야지"라고 단호히 말하기가 안쓰러웠다. 엄마의 따끔한 야단에도 언제나 침착한 목소리로 "죄송해요! 다음엔 정말 잘 챙길게요. 엄마 죄송해요!" 이렇게 송구한 마음을 전하는 아이에게 더 이상 언성을 높일 수가 없었다.

그래서 큰아이에게는 어떤 실수에도 아이의 눈높이에 맞춰 진심을 담아 부탁을 해야 했다. "큰아들! 다음엔 꼭 잘 챙겨주세요! 엄마도 월요일 아침은 바쁘거든요!"라고 말하면 아이는 애써 주었다.

야단을 치려 들면 경계 태세로 자신이 항변할 답변부터 준비하는 작은아이와 달리 큰아이는 그저 듣고 씩 웃고 만다. 그러니 잔소리하는 사람이 맥이 빠져 재미가 없다.

아이들의 기질이 달라서 키우기 힘들다고 불평하는 사람들도 많지만 달라서 새로운 즐거움도 많았다. 한 배로 낳은 아이들이지만 이리 다른 성향은 나의 육아를 설레는 즐거움으로 채워 주었다. 다른 성향이 힘들다고 생각하면 끝도 없는 낯선 고행의 연속이지만, 각기 다른 특징이 때때로 새롭게 마주치는 매력이라고 생각하면 나름의 색다른 즐거움인 것이다.

야단을 들을 때도 두 아이의 태도는 확연히 달랐다. 첫째 아이는 소리 없이 눈물을 참아가며 조용히 나의 말을 경청했다. 나중에는 닭똥 같은 눈물을 뚝뚝 흘리면서도 엄마의 말이 끝나기를 기다렸다. 그 모습에 멈춰야 했다. 작은아이는 두 주먹을 불끈 쥐고 야단을 들었다. 눈물을 훔치면서도 엄마와 눈을 맞추고 고개를 주억거리며 잘못을 반성했다. 그 강한 리액션으로 사인을 보내면 나는 멈춰야 했다. 야단을 받아내는 일도 달랐던 두 아이. 그 개성의 눈높이에 맞게 잔소리의 완급을 조절했다.

"더 이상 말 안 해도 알지?" 하면 말없이 고개를 끄덕인 채로 꼭 안 아주면 모든 것이 끝나는 첫째 아이와 "다음엔 꼭 지킬게요. 잘못했 어요, 엄마"라고 꼭 자신의 메시지를 한마디 붙이고서야 사태를 정 리하는 둘째 아이. 두 아이의 서로 다른 우주를 만나면서 나는 엄마 가 되었다.

성향이 다른 아이들은 결국 물리학과 경영학이라는 각기 다른 길 을 걸어가며 자신의 꿈을 키워가고 있다. 둘이 만날 때마다 서로 많 은 이야기를 공유하며 형으로서 동생으로서 조언해주고 조언을 받 는다. 사이좋은 모습을 보는 것만으로도 나는 무엇보다 달콤한 만족 감을 느낀다.

최고의 양육은 '누구나 통하는 정답'을 구하는 것이 아니라 '아이 마다 다른 해법'을 구하는 일이다. 남편과 나는 이 조언을 지금도 가 슴에 새기고 있다. 서로 다른 길을 가는 아이들이니 지켜보는 일도 그 눈높이에 맞게 공감의 격려를 하는 것도 잊지 않아야 한다.

나와 남편도 완전히 다른 성향을 가지고 있다. 다른 성향을 서로 인내하고 공감하며 부부로 살아가 듯 서로 다른 두 아이의 성향에 각자 다르게 공감하고 격려하자고 늘 약속한다. 남편이 잘 지켜준 이 기준은 엄마의 자녀 양육에 큰 기둥이 되었다.

아이에게 문제가 생길 때마다 아이에 맞춰 다른 해법을 궁리하는 일은 모두를 안심시키는 일이기도 하다. 첫째 아이에게 맞는 방법을 둘째에게 활용하고 왜 안 되느냐고 의문을 가지면 둘째 아이는 외로워진다. 한쪽의 방향을 강요하다가는 어느 한쪽에서든 반드시 볼멘소리가 터져 나온다. '아이마다 다른 특성에 다르게 공감하기'는 오랫동안 마음에 새기고 있는 원칙이다.

Point
첫째 아이에게 통한 방법이 둘째 아이에게는 백해무익일 수 있다.

손을 놓아주어야
스스로 걸음을 뗀다

첫째 아이가 중학교 3학년, 고등학교 입시를 앞두고 바빠졌다. 무엇이든 아이를 도와주고 싶었지만 나 역시 일을 하고 있어서 상황이 여의치 않았다. 학원에서 수업이 끝나면 아이는 바쁘게 소그룹으로 진행하는 수학 수업을 듣기 위해 이동해야 했다.

수업에 늦지 않기 위해서는 30분 안에 이동도 하고 저녁을 해결해야 하는 상황이었는데, 식사시간은 10분 내외였다. 시간이 넉넉한 엄마라면 그 짧은 이동시간에 차를 태워주든가 간단히 먹을 수 있는 밥이라도 챙기련만, 마음은 굴뚝같아도 그 시간에 나 역시 한창 바쁘게 일을 하고 있었다. 길에서 대충 끼니를 때우고 정신없이 달려가고 있을 아이를 생각하면 항상 마음이 시큰했지만 마법을 부리지 않는 한, 아이와 저녁을 함께 먹어주기란 불가능했다. 그래서 매일 저녁 길거리 음식으로 한 끼를 때우고 있을 아이의 모습을 떠올리는 일은 마음을 무겁게 했고, '따뜻한 밥 한 끼'라는 단어 앞에서 종종 죄의식을 갖기도 했다.

과학고에 입학한 아이는 평일을 기숙사에서 지냈는데 어쩌다 학교에 가볼 기회가 있었다. 엄마들과 학교 식당에서 차를 한잔 마시고 있는데 주방 냉장고에 보약이 가득했다.

"저게 다 뭐예요?"

휘둥그레진 내 눈에 각종 보약과 비타민, 영양제들이 한가득 들어왔다. 엄마들이 철철이 아이를 위해 갖다 놓는다는 보약들을 보고 집에 돌아와 내내 마음이 편치 않았다. 도대체 내가 엄마가 맞나? 어떻게 모르고 있었을까? 아이들이 보약을 챙겨 먹을 동안 우리 아이는 마음이 어땠을까? 그런데 주말에 집에 온 아이는 심드렁한 대답으로 나의 죄의식을 싹 씻어주었다.

"아, 그거요? 저도 먹었어요. 친구가 보약 안 먹고 집에 가면 혼난다고 우리 반 애들 나눠줘서 다 같이 먹었어요. 걱정 마세요. 밥만 먹어도 이렇게 튼튼해요!"

아이는 호탕하게 웃는다. 체질에 맞춰 지었을 보약을 하나씩 나눠 먹었다는 아이들의 엉뚱한 우정에 나는 웃음이 터지고 말았다. 역시 아이들은 걱정이 무안할 만큼 유쾌하고 건강하다.

사시사철 계절마다 이불을 보송보송하게 교체해주는 부지런한 엄마들도 있었다. 제 엄마 일하는 걸 아는 아이는 한 가지 이불로 세탁만 해서 가져갔다. 좀 두껍지 않냐고 물으면 여름엔 에어컨이 있어 괜찮다고 하고, 좀 얇지 않냐고 물으면 겨울엔 히터가 빵빵해서 괜찮다고 했다. 제대로 챙겨주지 못하면서 아이가 밝으니 그것으로 위로 받았다.

돌아보면, 아이에게 무조건 준다고 생각했는데 아이에게 받은 것이 더 많다. 걱정을 덜어주려 노력하는 아이들의 모습만으로도 부모는 어디에서도 얻지 못할 삶의 가장 큰 위안을 받는 것이다.

한 유명한 여성학자와의 인터뷰가 기억에 남는다.

"저는 제가 참 객관적인 엄마라고 생각했어요. 엄마의 인생도 소중하니 무조건 아이한테만 몰입하는 그런 엄마는 되지 않겠다고 마음먹었는데, 세월이 지나 생각해보니 아이가 '엄마, 물!' 하면 일곱 잔의 물을 들고 아이 옆에서 대기했던 건 아닌가 반성이 들더라고요. 아주 뜨거운 물, 뜨거운 물, 조금 뜨거운 물, 미지근한 물, 차가운 물들을 종류별로 들고 '뭘 원하니? 뭘 줄까?' 이랬던 건 아닌가 싶은 거죠. 우리는 좀 아이에게서 떨어질 필요가 있어요. 다들 너무 몰입하고 있는 게 문제죠."

홀로서기를 선언했던 아이의 첫걸음마를 생각해보자. 눈물 나게 대견했던 아이의 첫걸음이 아니었던가. 스스로 커가도록 아니 클 수 있도록 손을 놓아줄 용기도 필요하다. 모든 엄마가 아이의 뒷바라지만을 위해 자신의 삶을 다 내려놓아야 할까? 아니다. 각자에게 주어진 삶의 길이 있으니 기꺼이 각자의 삶을 향해 충실히 가는 것도 생의 임무다.

내가 아이들을 키우면서 힘들 때마다 쉼 없이 들춰 본 이어령 님의 〈어미 곰처럼〉이라는 시가 있다. 이 시는 '새끼 곰이 두 살쯤 되면 미련 없이 떠나는 어미 곰처럼, 아이가 스스로 살아갈 힘을 기르도록 냉정하게 돌아서는 것이 진정한 어미의 사랑'이라고 말하며 정신을 번쩍 나게 했다.

생각해보니 바짝 붙어 참견하는 사랑은 쉬워도 한발 물러서 지켜보는 사랑은 한결 고통스럽다. 머리로는 이해가 가지만 실천은 참으로 아팠다.

아이를 키우는 일은 결코 즐겁고 기쁘기만 할 수 없다. 목표를 세우고 도전하면서 넘어지고 실패하고 아이는 괴로워하면서 눈물을 흘린다. 그럼에도 도와주거나 치료해주는 일에는 한계가 있다. 아무것도 할 수 없는 부모의 기다림은 때론 매우 끔찍하다.

치열한 경쟁이 힘들어서, 이성 문제로 괴로워서, 친구 문제로 시달려서, 학교에 가기 싫어서, 해도 해도 성적이 안 올라서, 앞날이 보이지 않아서 등 저마다의 이유로 아이는 아픔을 들고 운다. 부모는 고통을 고스란히 전달받으면서도 온전히 다 느낄 수는 없다. 아이 삶의 주인공은 아이이기 때문이다.

차가운 사랑이 더 큰 사랑이라는 역설은 아이가 자랄수록 공감되

었다. 지켜보고 바라보는 사랑이 힘들고 아파도 부모가 지고 가야
할 운명 같은 몫이다.

Point

아이가 넘어지면 아파도 지켜보자. 일어서 본 아이가
일어설 줄 안다.

소통과 불통의
한 끗 차이

운전을 하면서 틀어놓은 라디오 방송에서 사연이 흘러나왔다.

"우리 두 딸이 사춘기를 지나고 있습니다. 아침마다 아이 눈치를 보느라 너무 힘들어요."

사연을 들으면서 문득 내 아이의 사춘기가 떠올렸다. 사춘기를 심하게 겪는다고 해서 아이가 잘못되는 법은 없지만, 그 시간은 부모에게 호된 아픔을 준다. 소아정신과 의사인 친구도 아들의 사춘기로 인해 매우 힘든 시간을 보냈다. 명색이 의사인데 누구보다 슬기롭게 넘어갈 거라 생각했는데 현실은 녹록치 않았다. 한동안 아들의 돌발 행동 때문에 각종 모임에도 나오지 않았다. 친구를 보면서 아무리 전문가라고 해도 자식의 사춘기는 예외 없이 어려움을 겪는구나 싶었다.

아이들의 사춘기는 거기서 거기인 것 같아도 아들을 키우는 엄마와 딸을 키우는 엄마들의 이야기가 달랐다. 딸을 키우는 엄마들은 "딸에게 사춘기가 오니 서로 악다구니 쓰고 싸우면서 울게 된다"라고 했고, 아들의 사춘기를 맞은 엄마들은 "아들에게 사춘기가 오니 아예 엄마랑 얘기도 안 하고 완전 무시하려 들어서 혼자 벽 보고 앉아 흐느껴 울어요"라고 했다. 엄마와 딸은 서로 주장을 굽히지 않고 대립하게 되는데, 사춘기에 들어선 아들은 성별이 다른 엄마를 완전 무시한다는 얘기다. 때론 사춘기에 들어선 아들이 두렵다는 친구들도 있었다.

내 아이에게도 사춘기가 올 거라 생각하니 예방주사를 맞는 차원에서 무슨 일이든 아이들과의 소통을 1순위로 두었다. 그리고 대화를 할 때는 '일단 듣는다 → 또 듣는다 → 그리고 말한다' 순서로 3박자를 맞추려고 노력했다.

내성적인 첫째 아이는 초등학생 때부터 자신의 주장이 강하지는 않았다. 말하지 않으니 혹여 고민거리가 안으로 곪지는 않을까 노심초사하기도 했다. 아이에게 사춘기의 흔적이 보인 건 중학생이 되고 나서였다. 대화 도중 가끔씩 시비를 걸듯 반기를 들기 시작했다. 심하지 않으니 그러려니 넘어갔고, 대화가 순조롭지 않을 때는 "지금은 말할 시간이 아닌 거 같아" 회피했다. 엄마는 그것이 최선이라고 생각했는데, 아이는 어쩌면 무시당했다고 생각했을지도 모를 일이다.

그러던 어느 추운 겨울날, 출근길에 태워주겠다고 했더니 아이가 거절했다. 너무 추운 날이니 한 번만 태워주겠다고 매달리 듯 반복하니 못 이기는 척 차에 타면서 아이가 말했다.

"그럼 학교 교문 앞 100m 전에 내려주세요."

사춘기 남자아이들이 제일 싫어하는 건 친구들에게 마마보이로 보이는 것이다. 알겠다고 하고는 교문이 보이는 100m 지점에서 브레이크를 밟았다. 솔직히 말하면 단번에 밟은 것이 아니라 조금씩 나눠 밟았다. 너무 추우니 어떻게든 교문 앞에 가까이 세워주려는 마음이었다.

"어어, 지나가시면 어떡해요. 여기서 내려달라니까요!"

속도를 천천히 줄이면서 기어이 교문 앞에 정차했다. 화가 잔뜩 난 아이가 볼멘소리를 퍼부으며 차에서 내린다.

"엄마, 이건 아니잖아요."

차문이 쾅 닫히는데 나도 불쑥 화가 났다. 저를 위해서 그런 건데 싫으니 괘씸하기 짝이 없었다. 분통 터지는 마음으로 운전을 하다가 가만히 생각하니 조금 미안해졌다.

'하긴, 교문 100미터 전에 세워주기로 약속을 하긴 했지.'

아이의 마음을 모를 리 없었는데 추울까 염려되는 엄마의 마음이 사춘기 아이의 자존심을 짓누르고 말았다. 아이의 짜증은 어찌 보면 당연하다. 문제는 여기서 시작된다. 불통이 시작되었다면, 반드시 풀어야 한다.

그날 저녁, 퇴근 후 아이에게 미안한 마음을 가득 담아 말했다.

"미안해. 엄마가 그러려고 한 건 아닌데 정말 미안해. 네 마음을 몰랐어. 설마 지금까지 화난 건 아니지? 정말 미안해. 약속은 지켰어야 하는 건데……."

진심으로 사과하니 아이도 그새 누그러졌는지 고개를 끄덕인다. 불통은 반드시 소통으로 풀어내야 한다. 표현해야만 소통할 수 있다. 소통과 불통의 한 끗 차이는 표현에서 시작된다. 말하고 보여주며 드러내야 한다.

다행히 요즘 가족들은 가족 단톡 사용에 주저함이 없다. 일상을 공유하고 소통을 많이 한다. 나 역시 아이들과 하루에 몇 차례씩 톡을 나눈다. 5월 5일 어린이날을 축하한다고 케이크 쿠폰을 보내고, 비 오는 날이면 기분 처지지 말라고 아이스크림 쿠폰을 보내준다. 한여름 8월이면 빙수 먹으라고 쿠폰을 보내주고, 여자친구와 마시라고 커피 쿠폰도 보내준다. 가끔은 어린 시절 아이들의 예쁜 사진을 몇 장 찾아 단톡방에 올린다. 웃음이 나는 옛날 사진을 올리면 단톡방이 분주해진다. 나는 별별 이유를 다 소환해서 아이들과 이야기 나눌 구실을 찾는다. 추억에 대한 공유는 가족을 한마음으로 뭉치게 한다.

부모가 먼저 소통의 출구를 열어야 아이들도 배운다. 먼저 표현해야 표현하는 법을 배운다. 표현은 몸에 배어야 한다. 어색하지 않게 연습이 되어야 한다. 사랑하는 사이에 표현만큼 소중한 것이 또 있을까? 비록 이성 간의 사랑이 아닐지라도 관계에서 표현은 매우 소중하다.

아이를 꼭 끌어안고 모유 수유를 한 아이들이 정서지수에서도 안정적인 점수를 보였듯이, 몸으로든 말로든 적극적으로 표현하며 키운 아이들은 그렇지 않은 아이들에 비해 부모와 관계가 더 친밀하다. 이미 잘 알려진 연구결과다.

중학교 수학여행을 떠나는 첫째 아이에게 "엄마가 문자를 보내면 답을 제대로 해야 한다"고 협박 아닌 협박을 했다. 열심히 고개를 끄덕이며 집을 나섰다. 직장 때문에 소풍길에 한 번도 배웅을 해준 적이 없는 워킹맘인 나는 소풍길을 지켜준 엄마들의 이야기를 항상 뒤늦게 전해 들었다. 아이들의 버스가 출발했다고 엄마들이 카톡을 보내주면 그제야 안심했다. 목적지에 다다랐을까 싶어 긴 문자를 보냈다.

"사랑하는 아들, 창밖의 풍경 좋지? 마음껏 즐기고 누려. 학교 다니고 학원 가느라 평소에 쉬지도 못하는데 길에 핀 꽃도 보고 창밖의 들판도 구경하고 그렇게 좋은 기회로 삼아. 친구들과 이야기도 많이 하고 맛있는 것도 많이 먹고. 엄마도 그때가 참 행복했던 것 같아. 사진도 많이 찍고. 지금 어디쯤 가니? 날씨는 괜찮아? 모처럼 재미있겠구나, 기분은 어때?"

손가락이 고단할 정도로 긴 문자를 보냈다. 그런데 10분이 지나고 30분이 지나도 감감무소식이었다. 친구들과 떠드느라 문자를 못 봤

나? 40분이 지났다. 다시 한 번 보내볼까? 고민하고 있는데 드디어
답문이 왔다.

"차 안."

단 두 글자가 끝이었다. 내가 보낸 질문 중 어떤 질문에 대한 답인
가 싶어 보낸 문자를 다시 보니 질문을 던져도 너무 많이 던졌다. 싱
거운 문자 앞에 그래도 히죽 웃음이 났다. 오기는 왔으니까 소통이다.

Point
표현해야만 소통할 수 있다.

아이의 게임 시간은
어떻게 허용해야 할까?

한 게임기획자의 강연을 들었는데 매우 인상적이었다.

"아이들이 왜 게임에 몰입하는 줄 아십니까?"

그는 열변을 토하며 이렇게 이야기를 풀었다.

"게임에서는 실패해도 다시 시작할 수 있기 때문입니다. 성적이 나쁘면 격려보다 비난이 더 많이 쏟아집니다. 주눅부터 들게 되죠. 게임은 다릅니다. 실패하면? 다시 하면 되거든요. 망쳤다고 해도 부모님께 꾸중을 듣지도 않아요. 그 사실만으로도 아이들은 게임이 좋은 겁니다."

흔히 게임기획자들은 '게임은 흥미로운 선택의 연속'이라고 말한다. 한 번 선택하면 번복할 수 없는 결정적인 선택이 아니라 기회를 반복할 수 있는 것이다. 더구나 게임은 플레이어에게 한 가지 선택을 강요하지 않는다. 다양한 선택으로 여러 가지 결과를 얻을 수 있는데 이 점이 바로 아이들을 흥분하게 하는 게임의 본질이다. 주어진 대로 결정하거나 시키는 대로 끌려가는 것이 아니라 스스로 선택하고 결과를 책임지게 한다. 하지만 이런 유연함이 허를 찔러 아이들은 게임의 늪에 갇히기도 한다.

잠시 미국에 살 때였다. 게임에 빠진 아들 때문에 속앓이를 하던 친구가 아이와 실랑이를 벌이다가 키보드를 빼서 들고 나갔다. 한참 있다가 집에 들어오니 중학생 아들이 연결선 하나를 주면서 이렇게 말했다고 한다.

"차라리 이걸 가지고 다니세요. 키보드 없어도 게임할 수 있어요."

나는 놈 위에 나쁜 놈이라며 씩씩대는 친구의 말에 우리는 모두 웃지 않을 수가 없었다.

그런데 최근에 한국에서 그 엄마를 다시 만났다. 공부를 그렇게 안 하던 아이는 이름도 처음 들어본 대학에 겨우 진학해 엄마 속을 다 태우더니, 뒤늦게 다시 공부를 시작했고 지금은 컴퓨터 엔지니어로 고액 연봉을 받는다고 했다. 우리는 서로 어이없지 않냐며 박장대소했다. 엄마와 싸우던 시절부터 엔지니어의 싹이 보였던 것은 아닐까? 엄마는 이제야 웃는다. 정말 예측할 수 없는 아이들의 미래 때문에 오늘의 불안이 조금 위로를 받기도 한다.

아이들을 자석처럼 끌어당기는 게임 때문에 힘들어하는 엄마들이 많다. 그런데 생각해보자. 아무것도 하지 않고 게임만 탐닉하는 게 아니라면, 게임이 무조건 나쁘지는 않다. 부모와의 약속을 잘 키기거나 신뢰가 잘 형성된 경우라면 게임 시간을 잘 지키도록 철저히 약속하면 된다.

어느 교수는 인류의 절반이 즐기는 새로운 오락 문명으로 게임을 들며 '그만해!'라는 한마디로 해결될 문제라면 위험할 이유가 없다고 강조했다. 통제가 쉽지 않은 게 문제다. 그래서 일단 게임을 못하게 할 것이 아니라 '위험성'과 '가능성'을 나누어 가르쳐야 한다고 강조했다. 중독성이 강하니 부모가 함께 그 게임을 즐기며 중독성에 빠지지 않도록 통제하는 것도 좋다.

인기가 많은 게임을 즐기는 경우 그 특징을 부모가 잘 알고 있는 것도 필요하다. 아이가 한창 게임에 빠져 있을 때 그 친밀감을 이용해 직접 게임을 만들어보게 한다거나, 인기 게임을 하는 최고의 게이머, 게임의 성장배경 등을 조사해보게 하는 것도 중독을 슬기롭게 극복할 수 있는 방법이다.

게임도 종류에 따라서는 스트레스를 풀어주고 두뇌 휴식에 도움이 되는 것도 있다. 특히 요즘은 게임을 너무 몰라도 친구들과의 대화에서 단절될 수 있으므로 이 점도 간과할 수만은 없다.

나는 아이들에게 일주일 단위로 게임 시간을 허락했다. 하루에 10분, 20분이 아니라 1주일에 2시간을 하는 식이다. 평일에는 학교와 학원에 다녀오고 다음날 숙제 챙기기도 빠듯하니 마음먹고 게임할 시간을 내기란 여의치가 않다. 특히 게임은 한번 빠지기 시작하면 1~2시간 아니 몇 시간을 한다 해도 만족되지 않는다. 오히려 시간을 투자할수록 하고 싶은 시간은 더 늘어나는 속성이 있다.

가뜩이나 시간이 부족한 평일에 게임하는 시간을 정해놓으면 숙제를 하느라 손도 못 대고, 오늘 할 수 있는 게임 시간을 날려버렸다고 생각하기 쉽다. 그렇다면 스트레스가 쌓여 다른 일에도 지장을 줄 수 있을 것 같아서 아예 1주일에 2시간을 정해주고 아무 때나 하도록 했다. 어느 날 시간이 나서 10분을 하면 110분이 남는 것이고, 5분을 하면 115분이 남는 것이고, 40분을 하면 80분이 남는 것이다. 시간상 하나도 손해 보지 않고 다 찾아 쓸 수 있다고 생각하니 아이 입장에서도 더 나은 계산이다. 조삼모사 같지만 만족도는 더 높다.

스트레스를 많이 받는 날에는 늦은 시간 게임을 즐긴다고 해도 그냥 두었다. 저도 피곤에 지쳐 오랜 시간 하지 못하고 남은 시간을 또 챙기면 된다. 책상 위에 붙여둔 게임 시간표에 남은 시간을 늘 체크하고는 했는데 1분도 손해 보지 않고 알토란 같이 챙겼다. '숙제부터 하고 해라' '지금 하지 마라' '내일 해라' 하는 잔소리는 절대로 하지 않았다. 약속을 만들었으니 스스로 지키게 하는 것이 중요하다. 처음에 지켜보는 것은 힘들지만 믿고 놓아두면 시간을 잘 관리한다. 공부하게 만들기 위해서는 놀 시간에도 권리를 찾게 하자. 풀어주는 것이 확실할수록 아이들은 공부 시간을 확실하게 지킬 준비가 되어

간다.

첫째 아이가 즐기던 게임은 미국의 게임디자이너 시드 마이어Sid Meier가 보드게임을 컴퓨터용 전략 게임으로 제작한 시리즈였다. 기원전 5000~3000년부터 시작해 문명을 싹 틔워 발전시키는 내용으로 그중 승자가 되어야 한다. 랜덤으로 땅의 지형이 만들어지고 매 게임마다 다른 지형에서 다른 라이벌과 경쟁한다. 도시를 지어 운영하고 건축물도 짓고, 군사도 이끌고, 외교나 무역도 시행하고, 과학기술 연구도 진행하면서 문자까지 개발한다. 때론 장엄한 음악과 함께 화면도 화려하게 펼쳐진다.

한번은 게임의 원리를 물어봤다가 포기하고 말았다. 무엇보다 속사포처럼 빠른 영어로 진행되는 게임이다 보니 알아들을 수가 없었다. 어쨌든 엄마 입장에서는 게임을 즐기면서 영어까지 들어야 한다니 그다지 나쁘지 않다는 생각도 들었다.

무조건 공부만 하라는 일은 강압이지만, 정해진 공부시간 후 내게 주어질 이익이 있다는 것을 알고 실천하면 스스로 시간을 운용하고 공부습관을 쉽게 만들 수 있다. 공부라는 책임을 다한 후 주어질 게임 시간을 철저히 확보해 준다면 아이들에게 한결 위안이 될 것이다.

스스로 자신을 통제할 수 있는 계획하에 게임 시간에 대한 통제권을 아이에게 주자. 처음에 잘 지키면 보너스로 2배를 주자. 숙제를 다 하고 예습과 복습을 일찍 끝내면, 일찍 끝낸 만큼 게임 시간을 보너스로 더 주자. 아이들은 환호성을 지른다. 숙제하고 공부하는 시간에 초집중하여 몰입하고 보너스 게임 시간을 확보하려 할 것이다.

좋은 게임은 도움이 되기도 하고, 인기 게임은 스트레스를 풀게 한다. 게임의 유해 논란으로 걱정만 하지 말고 스트레스를 풀 수 있는 기회로도 이용해보자. 합리적인 선에서 함께 타협한다면 오히려 학습에 긍정적인 자극을 주는 기회가 될 수 있다.

이렇게 해도 게임 통제가 안 된다는 엄마들이 있는데 한번 생각해보자. 다른 일은 규칙 없이 약속을 지켰다 말았다 하면서, 게임 할 때만 시간을 정하고 지켜보자고 하는 것은 아닌가? 생활 전반의 모든 일에서 규칙과 약속 실행이 우선되어야 게임에서도 통제가 가능하다.

Point
게임 시간의 통제권을 일주일 단위로 정해보자.

편안한 집 분위기가
강한 멘탈을 만든다

기숙사에서 지내는 친구들끼리 집에 오는 날이면 이런 이야기를 주고받는다고 한다.

"엄마가 이번에 떨어진 성적표 보면 완전 실망하실 텐데……. 집에 가기 싫다. 기숙사에 그냥 있을까?"

세상에서 상처받고 지쳐 있는 사람들에게 '집'이라는 단어는 어떤 느낌이어야 할까? 들볶이거나 긴장감이 가득한 곳이 아니라, 언제 돌아가도 무조건 내 편을 들어주는 엄마 품처럼 아늑하고 편안한 그리움이 있는 곳이 집이어야 하지 않을까?

청소를 하다가 거실 탁자에 놓인 아이들의 사진을 물끄러미 바라볼 때가 있다. 세상 어떤 그림보다도 아름답다. 퇴근 후 현관에 들어서는 나를 위해 저 멀리서 발바닥이 깨져라 달려오는 두 아이를 보면 마음이 무너져 내렸다. 조건 없이 달려오는 저 반가운 마음, 무엇이 이토록 자석처럼 내 품을 향해 달려오게 만드는 마법이 되는 걸까? 고맙고 사랑스러웠다. 그렇게 꼭 안아주고 나면 하루 종일 함께하지 못했던 아쉬움이 반은 달래지는 듯했다. 무조건적인 그 포옹이 서로의 하루를 위로해 주었다. 집은 이런 아늑함이 전제되어야 한다.

부모도 아이도 하루 종일 전쟁터에서 지낸다. 부모는 직장에서 아이들은 학교에서 상처받고 영광도 얻고 돌아오는데, 집이 편하지 못하면 멘탈이 단단할 수 없다. 다친 멘탈을 다시 치유받고 사회로 다시 나갈 수 있는 힘이 집에서 만들어진다.

함께 일하는 한 젊은 직원은 감정 표현에 참 서툴렀다. 무슨 일이 있어도 '죄송합니다, 고맙습니다, 미안합니다, 감사합니다' 이런 감정적 언어를 절대 사용하지 않았다. 대부분의 사람들이 뭔가 잘못한 일이 있으면 '죄송하다'는 이야기를 제일 먼저 꺼내고, 마음이 움직이면 일단 '고맙다'고 감정 표현을 하는 것이 다반사인데 그를 1년 넘게 지켜보았지만 전혀 감정을 드러내지 않았다.

나는 그가 감정에 서툰 건 어린 시절 격려받지 못하거나, 응원받지 못한 마음의 응어리가 감정을 붙잡고 있을 거라는 생각이 들었다. 어느 날 함께 외근을 나가면서 차 안에서 슬쩍 속을 떠보니 짐작이 맞아떨어졌다.

"어려서 부모님의 사이가 안 좋으셨어요. 칭찬 같은 건 상상도 못했죠. 잘했다는 이야기는 들어본 기억이 거의 없고요, 매일 잔소리를 들었던 거 같습니다. 결혼은 했는데 굳이 아이를 낳아야 하나 이런 생각이 드네요. 모르겠습니다. 별로 감정에 대해 생각해본 적이 없네요."

그의 솔직함은 측은하기까지 했다. 부모가 만드는 집안의 분위기가 아이를 만든다고 해도 과언이 아니다. 응원받아 보지 못하면 자존감이 높을 리 없고, 아픈 상처를 아무도 치유하고 격려해주지 않는다면 상대에 대해서도 미안하고 감사한 마음을 절대 가질 수 없다. 감정도 받아봐야 느낄 수 있고 느껴봐야 상대에게 꺼내들 수 있도록 훈련된다.

집안의 분위기가 결국 아이의 인성과 미래를 만드는 직접적 요인이라면 평소 어떤 분위기를 만들어야 할까? 그건 우리의 책임이다. '남들도 다 대충 숨기면서 살지 않나?'라고 반문한다면 판단 착오다. 감정을 주고받는 일은 숨기고 사는 것과는 다른 이야기다. 아프면 아프다고 말하고, 힘들면 힘들다고 감정을 말할 수 있는 노력이 이어져야 소통도 습관이 된다. 그래야 소통도 성공할 수 있다.

다큐멘터리를 제작하면서 문제를 일으키는 아이들의 공통점을 알게 되었는데 '집안의 따뜻한 정서를 느끼지 못했다'는 점이었다. 지친 하루를 내려놓는 곳, 지친 멘탈에 원기를 북돋아주는 곳, 아이들에게 집은 아늑한 보금자리여야 한다.

멋지게 잘 지어진 집, 고급스러운 인테리어가 꼭 따뜻한 보금자리가 아님을 우리는 잘 알고 있다. 가끔 드라마를 보면 멋진 저택을 채우는 가족들의 불화와 폭력적인 언어들이 시청자를 불안하게 만들 때가 있다. 오히려 저녁 식사를 준비하는 엄마와 다정한 아빠의 말 한마디가 가득 채워진 작은 공간이 더욱 편안하기도 하다.

아이들에게 '집'이란 어른들이 따지는 '투자 가치'의 개념을 넘어 자신의 마음을 달래고 보듬어주는 '감정적 공간'의 개념이 훨씬 더 크다. 풍수전문가를 취재했을 때 그가 한 말은 오래도록 마음에 남았다. 집은 사람이 누리고 사는 공간이어야지 떠받들고 살아서는 안 된다고 했다. 공간에 치이지 말고 누리라는 말은 참 의미 있는 지적이었다. 물건이 아니라 사람이 채우는 공간은 그래서 편해야 한다는 것이다.

삶의 편리를 위해 물건을 채울 때는 전문가의 의견을 참고해보자. 특히 공부방의 가구 배치는 아이들의 심리에 지대한 영향을 준다고 한다.

공부방 가구 배치
1. 공부방의 책상 위치는 북쪽 방향이 좋다.
찬 기운의 효과로 졸음을 막을 수 있다. 책상의 방향은 앞으로든 옆으로든 문쪽을 향하게 한다. 문이 등 뒤에 있어서 눈에 들어오지 않으면 심리적으로 불안감을 유발해서 집중력을 떨어뜨린다.

2. 책상은 벽을 바라보게 한다.

심리적으로 불안감이 해소되어 집중력 향상에 도움을 준다고 한다. 강렬한 햇빛은 집중력을 떨어뜨릴 수 있어 창문을 정면으로 바라보는 것은 좋지 않은 것으로 알려져 있다.

3. 의자에는 늘 아무것도 걸려 있지 않게 한다.

나는 책상 옆에 옷장을 두어 가방이나 옷은 의자에 걸쳐 두지 않도록 해서 편안하게 의자를 쓸 수 있도록 했다.

아이들의 방을 꾸며줄 때 풍수지리를 염두에 둔 것은 아니었으나 결과적으로 좋은 환경을 만들어준 것 같다. 그런데 꼭 다 들어맞은 것은 아니다.

책상 위의 물건들이 가지런해야 기의 흐름이 좋다는데, 우리 아이들의 경우 그렇지는 않았다. 한 영재 프로그램을 보니 책상 정리가 잘된 아이들이 공부를 잘한다고 하던데 책상만큼은 아이들의 방식대로 정리하도록 내버려 두었다. 물론 바라볼 때마다 마음에 들지 않았지만, 아이들은 그 많은 물건을 어지럽혀 놓고도 나름의 질서가 있는 듯했다. 신기하게도 찾아야 할 것을 잘 찾아내니 책상 위는 저만의 방식으로 알아서 사용하게 했다.

컴퓨터는 거실 베란다 쪽에 공간을 만들어 책상을 들이고 그 위에 두었다. 거실에서 어른들이 TV를 볼 때 아이들은 한쪽에서 게임을 즐겼다. 열린 공간에서 게임하고 TV를 보며 소통을 하니 거실은 늘 북적였다. 각자가 방에서 따로 불통하지 않도록 노력했다. 각자 할 일이 있을 때는 각자의 공간을 이용했지만 대개는 거실이라는 공통 공간에서 많은 것들을 함께했다. 지금 생각해도 그것만은 참 잘한 일이라고 생각된다. 아이들은 그래서 자기 방에 대한 경계가 특별히 없었다. 집중해서 시험공부를 할 때를 제외하고는 아이들 방의 방문도 늘 열린 상태였다.

집은 소통의 공간이어야 한다. 각자를 위한 별도 공간은 필요하지만 폐쇄가 아닌 개방의 의미로 공간을 구상해보자. 집안의 따뜻함이 아이들에게 더 강한 멘탈을 선물해줄 것이다.

Point
거실에 컴퓨터를 놓으면 가족 간의 소통이 더 많아진다.

스마트폰의 부작용을
막는 방법

부모가 원격으로 자녀의 스마트폰을 통제하는 앱이 나왔다고 광고를 한다. 게임, 사용시간 등을 통제하면서 스마트폰 중독을 예방하고 음란물, 유해 콘텐츠 등에 접근하는 것을 차단한다고 한다. 목적은 자녀의 안전을 위한 것이지만 부모가 설정하는 기능에 따라 아이들의 움직임을 통제할 수 있다는 사실은 많은 생각을 갖게 한다. 아이를 못 믿어서가 아니라 세상을 못 믿어서라고 부모는 생각하지만, 아이들은 간섭과 불신의 시작이라고 생각할지도 모를 일이다.

마트에 나와서 장을 보는 젊은 부부들 옆에서 휴대폰으로 만화영화를 보며 집중하고 있는 아이들을 쉽게 마주칠 수 있다. 아이들이 어렸을 때 집안일은 바쁘고 아이가 보챌 때면 항상 고민을 했다. 뭐라도 틀어주면 일을 좀 하겠는데 영상을 너무 많이 보여주는 것은 권장하지 않는다는 전문가들의 말에 마음이 편하지 않았다. 지금은 더 심각해진 수준이다. 지금 태어나는 디지털 세대의 아이들에게 영상은 일상이 되었다. 없어서는 안 되는 필수품이 되고 보니 최신 휴대폰을 볼 때마다 그 화려한 기능에 유혹을 당하는 건 너무 당연한 일이 되었다.

첫째 아이는 최고급 스마트폰을 가진 친구들이 무척이나 부럽다고 하면서도 고등학교 3학년까지 2G폰으로 잘 버텨냈다.

"엄마, 사람마다 다르겠지만 저는 휴대폰 있었으면 공부에 집중하지 못했을 거예요."

둘째 아이 역시 스스로 휴대폰과 단절했다. 유혹을 이기기 어려울 거라는 자신의 판단이었다. 2G폰의 한계는 여러모로 불편했을 것이다. 그나마 문자는 주고받을 수 있으니 다행이었지만, 초등 고학년만 되어도 유행을 따라가는 일에 민감한데 친구들과의 원활한 교류, SNS의 재미 등을 다 포기해야 했으니 알아서 버텨주는 아이가 고마울 따름이었다. 하지만 누릴 것 다 누리면서 얻을 수 있는 목표가 얼마나 될 것인가? 하다못해 몸무게를 1~2kg 감량하려면 눈물 나는 자제력이 필요하다.

각종 학부모 온라인 사이트에는 스마트폰에 대한 고민들도 상당히 많다. 일단 학교에 가면 아이와 연락이 필요하고 편리성을 모를 리 없지만 게임 중독, 자극적인 정보 등에 과하게 노출될까 걱정이 되니 아이의 첫 스마트폰 구매 시기에 신경을 쓸 수밖에 없다.

"아이에게 스마트폰을 언제 사줘야 할까요?"

중독이 염려스러워 최대한 늦게 사주고 싶다는 부모들의 하소연도 이어진다.

하지만 친구들은 다 있는데 나만 없으면 왕따가 된다는 아이의 말에 걱정이 되고, 종종 학교에서 팀 과제를 할 때 불편하다고 하니 결국 손에 쥐어 주지만 그로 인한 중독으로 속을 썩고 있는 부모들이 점점 많아진다.

사실 아이에게 스마트폰이 없다고 방법이 없는 것은 아니다. 단 불편함을 감수해야 한다는 의미다. 그러나 불편을 감내하는 만큼 얻어지는 것도 있다. 남들이 다 있으니 나도 있어야 된다는 논리로 일이 생길 때마다 불안함으로 선택할 수는 없지 않은가.

가장 중요한 건 아이와의 솔직한 소통의 통로를 열어두는 일이다. 정말 자신만 휴대폰이 없어서 왕따를 당하는 건지, 정말 갖고 싶은 욕구 때문인 건지 솔직한 심정을 털어놓게 하고 그 진심을 이해한다면 선택은 한결 가벼워질 것이다. 물건 구매에 대한 부모의 부담스러운 입장도 이해시켜야 한다. 카톡방에 끼지 못해 왕따를 당할 수 있다는 말에도 흔들리지 않는 엄마의 면밀한 관찰과 확고한 주관이 필요하다. 카톡방에 없다고 해서 불편할 수는 있어도 아이의 사회생활에 모두 문제가 생기는 것은 아니기 때문이다.

아이를 키울수록 내 아이만 보는 것이 아니라, 내 아이를 사회적 존재로 놓고 판단해야 할 문제가 점점 늘어날 것이다. 하루아침에 판단하려 하지 말고 긴 시간 공을 들여야 한다. 아이가 말귀를 알아 듣는 유아 정도만 돼도 '아직 어리니까' 하는 근시안적인 판단으로 지나가지 말고 진지하게 소통하려 노력해야 한다. 평소 아이와 소통 이 잘되고 있다면 이러한 판단을 내려야 할 때 많은 도움이 된다.

휴대폰의 편리성이야 새삼 말할 필요도 없지만, 이어지는 문제점 도 간과할 수 없다. 휴대폰의 전자파 방출은 1900~2000MHz로 알 려져 있는데 일반적으로 150KHz를 넘어서면 신체에 영향을 준다 고 한다. 1MHz가 1000KHz라고 생각해보면, 휴대폰의 전자파 방출 은 엄청나다. 눈이 피로해져서 시력 저하, 난시, 안구건조증을 유발 하고, 작은 화면에 집중하다 보니 근육통, 거북목, 손목터널증후군도 발생할 수 있다.

뿐만 아니다. 지하철이나 버스 안에서 모두가 폰만 들여다 보고 있는 일은 너무 흔한 장면이 되었다. 축하하러 모인 생일잔치에도 아이들은 모두 폰만 들여다보고 있다. 회식에 모인 직장인들이나 회 의에 참가한 사람들, 심지어 국회에서 회의에 참가한 의원들마저도 폰을 놓지 못하고 매분 매시 보고 있다.

요즘 아이들의 휴대폰 최초 가입 연령은 7.4세라고 한다. 초등학 교 생활이 시작되는 시점이다. 처음 폰을 마련할 때는 스스로 통제 하도록 규칙을 만들어주고, 한두 마디의 당부가 아닌 많은 이야기를 나누는 것이 필수가 되었다. 언제 사용할 것인지, 얼마나 사용할 것인지, 집에서 사용금지구역을 정하는 것도 의미가 있으며, 사용량 조절앱을 아이가 설치하게 하여 부모와 공유하는 것도 한 방법일 듯하다.

둘째 아이의 고등학교는 휴대폰 소지가 불가능했기 때문에 집으로 전화를 할 때는 공중전화를 사용해야 했고, 기숙사에서 친구들끼리 사소한 분란이라도 생기면 SNS로 소통을 할 수 없으니 얼굴을 보고 이야기 나누도록 했다고 한다. 그래서 매점에서 대화를 나누거나 학교 주위를 산책하며 이야기하면서 오해를 풀 수 있었다고 말했다.

모든 것을 다 가질 수는 없다. 편리성 뒤의 책임에 대해서도 명확히 가르치자. 필리핀 속담에 '하고 싶은 일은 방법을 찾지만 하기 싫은 일은 핑계를 찾는다'고 했다. 핑계가 우선되지 않도록 적극적으로 방법을 찾아보자.

Point
최고급 관심만이 스마트폰의 부작용을 막는다.

다양한 소통채널을 열자

초등학교만 들어가도 부모와 아이와의 대화가 줄어든다. 부모보다 더 바쁜 아이의 시간이 부족해서일까? 학교가 끝나면 학원에 가기 바쁘고, 숙제를 하려면 물리적인 시간부터 부족하다. 대화를 목마르게 기다리는 것이 아이가 아니라 부모가 되어가고 있는 현실은 누가 만든 것일까? 누가 원해서 이런 세상이 온 것일까? 한번쯤은 생각해봐야 할 안타까운 난제들이다.

적극적인 소통을 위해 부모의 직장으로 아이를 초대하는 일들이 많다. 전문가들은 부모가 일하는 곳에 아이들이 직접 와 보는 것은 좋은 교육이라고 설명한다.

"이곳은 엄마의 직장이고 너희들이 할 일을 각자 알아서 척척 해주니까 엄마도 일을 잘할 수 있겠지? 엄마는 정말 잘하고 싶어.”

“아빠 직장에 와 보니까 어때? 집에서 보던 아빠랑 다르지? 아빠도 너희들만 할 때 이런 일이 정말 하고 싶었는데 열심히 하다 보니 여기까지 왔네. 아빠는 이 일이 정말 좋아.”

부모의 적극적인 설명과 표현에 아이들은 덩달아 뿌듯함과 보람도 느낄 것이다.

그래서 나 역시 제작한 프로그램으로 상을 받게 되면 시상식에 가급적 아이들을 참석시켰다. ‘너희들의 인내가 엄마를 이렇게 키웠다’는 공로를 아이들에게 돌려주는 것이다. 그리고 말로도 ‘너희들 덕분’이라고 표현한다. 아무리 의도가 좋아도 표현하지 않으면 알 수 없다. 적극적인 소통은 말 한마디로 시작한다.

말은 소통의 결과를 때론 무섭게 빚어내기도 한다.

“너 때문에 엄마가 화가 나.”

“너 때문에 방이 엉망이야.”

“너 때문에 동생이 울어.”

‘때문에’라는 부정적인 말은 아이에게 독화살이 된다. 그래서 아이들과 대화를 할 때는 말의 화살이 쏘는 결과에 대해 더 많은 생각을 해야 한다. 쉽지 않지만 노력해야 한다.

방송국에서 일을 하다 보면 취재하러 나간 리포터들의 결과물을 보고 능력을 판단할 때가 있는데, 말을 잘하는 리포터와 그렇지 못한 리포터가 구분된다. 거리에 나가 취재를 할 때 리포터는 상대방이 자연스럽고 편하게 속에 담은 이야기를 꺼내 놓을 수 있도록 이끌어야 한다. 혼잣말로 인터뷰를 채우는 게 아니라 상대방이 술술 얘기를 풀어내도록 상황을 연출해야 한다. 그건 정확히 말의 문제는 아니다. 상대가 말을 잘 꺼내도록 공감하고 맞장구치는 능력이다. 서울역에 나간 한 리포터가 명절 전야에 선물꾸러미를 들고 가는 인파 앞에 섰다.

"안녕하세요? 선물 사서 고향 가시나 봐요?"

그러면 사람들은 무엇이라고 답할 것인가? "예" 아니면 "아니요" 외에 더 이상 할 말이 없다. 질문을 바꾸면 대답이 달라진다.

"안녕하세요? 뭘 이렇게 사서 어디로 가세요?"

"예, 생크림 케이크이요. 엄마가 좋아하셔서요. 경남 진주까지 가는 길이에요."

이른바 대답이 '술술' 나오는 각도로 질문해야 한다. 아이와의 대화도 마찬가지다.

며칠 동안 시험공부에 몰입했던 아이가 시험이 끝나고 집에 온 경우를 생각해보자.

"고생했다. 잘 봤어?"

이 질문에는 선택이 없다.

"응." "아니." "몰라."

자신이 노력한 과정이나 공들인 상황에 대해서는 하나도 설명할 수 없는 질문들이다. 오히려 결과에 따라 단죄를 받아야 할 것 같은 느낌이 든다. 이 질문을 바꿔보자.

"고생했네. 열심히 했으니 어떤 결과가 나와도 괜찮아."

"열심히 했는데 문제가 어려웠어요."

"그렇구나. 열심히 했는데 어려웠으면 다들 그렇게 느꼈을 거야."

만족할 만큼 치르지 못한 아이에게도 열심히 한 과정을 치하하면서 변명할 틈도 주는 격려하는 대화를 시작해보자. 이런 대화는 아이에게도 조금은 위로가 된다. 결과에 대해서만 말하면 대화는 짧아질 수밖에 없다.

사랑한다면, 이해하고 싶다면 질문을 던질 때부터 고민하자. 대화를 잘 하는 것은 길게 말하라는 것이 아니다. 아이가 말할 수 있도록, 심정을 풀어낼 수 있도록, 상황에 대해 스스로 이해하며 꺼내놓을 수 있도록 현명하게 질문하자는 것이다. 억지로라도 서로의 입장을 뒤집어 보면 어떤 속상함도 조금은 누그러진다. 어떤 일의 과정을 살펴보려는 마음은 없고 결과만을 가지고 이야기하면 아이는 부모와의 대화를 꺼릴 수밖에 없다. 대화 방법이 바뀌면 서로를 이해하는 기다림이 결코 지루하지 않다.

결혼 후 독일로 떠난 친구가 있다. 아이를 독일에서 낳았는데 이제 막 10살이 넘은 딸과 한국에 놀러 와서 오랜만에 만났다. 쇼핑을 나갔다가 많은 인파 속에서 어깨를 툭 친 채로 사과 한마디 없이 급하게 뛰어가는 사람 때문에 불쾌해진 딸은 집에 와서도 내내 불평을 늘어놓았다. 친구 역시 한국 사람들이 여전히 불친절하다며 내게 투덜댔다. 나는 이렇게 충고했다.

"이런, 불쾌했겠네. 근데 한 가지 사례로 죄다 불친절로 몰아가는 건 좀 그런 걸. 하하하. 얼마나 급했으면 그랬을지도 한번 생각해보라고도 해. 그러면 불쾌함도 좀 수그러들고 그런 상황을 이해하는 입장도 좀 달라질걸."

보이는 것이 다가 아니다. 보이지 않는 면도 고민해보게 하려면 주고받는 말의 방식이 달라야 한다. 때로는 말하기 부끄러워 기회를 놓치게도 된다. 그럴 때는 다른 방법을 써보자. 짬짬이 챙겨주는 한 통의 문자, 책상 위에 놓아주는 한 줄의 쪽지 등 어떤 채널을 선택하든 상관없다. 말이 아니어도 좋다. 소통을 위해 주고받는 대화는 원활해야 한다.

Point
아이가 쉽게 답할 수 있도록 질문도 배려해주자.

5장

아이의 인생에서
성적보다 중요한 것

부모의 철학이 만드는
아이의 그릇

우리가 어릴 때는 가훈을 많이 강조했다. 자신만의 좌우명 만들기도 학교 숙제였다. 넉넉하지 못했던 그 시절에는 '나만 잘 살면 돼!'가 아닌 '모두가 잘 사는' 공공질서를 위한 사고와 신념이 매우 중요했다. 그래서 대개 가훈과 좌우명은 '성실', '인내', '책임'의 범위를 넘지 못했다.

그런데 요즘 학교의 교훈과 급훈이 참 재미있어졌다. 당연히 달라진 사회상의 산물이다. 하지만 학벌 우선주의의 세상을 아직도 완전히 탈피하지는 못하다 보니, 결국 아이들은 자신의 소신이 아닌 사회의 소신에 따라 학교를 다니고 공부에 매진한다. 모두 대입이 인생의 전부인 것처럼 공부한다. 그러다 보니 세상을 비꼰 급훈이 아이들의 심정을 대변한다.

칠판을 원빈처럼 교과서를 강동원처럼

적당히 살지 마

오늘 흘린 침은 내일 흘릴 눈물

대학의 문은 좁지만 우리는 날씬하다

여기까지는 그래도 열심히 공부해보자는 각오가 담겨 있다.

니 내신을 알라

엄마가 보고 있다

스스로 깨면 병아리 남이 깨면 프라이

50분은 길지만 3년은 짧다

이렇게 보면 아이들의 팍팍한 삶 때문에 긴 한숨이 나온다. 오죽
힘들면 이럴까.

우리 엄마도 계모임에서 말 좀 해보자

잠은 죽어서 자라

합격자 명단에 귀하의 이름이 없습니다

지금 성적 미래 월급

죽을힘을 다해 애쓰고 있는 아이들의 현실이 남의 일 같지 않아서 안타깝다.

철학이 담긴 문구들은 학교에만 있는 것이 아니다. 아이를 키우는 부모라면 각자의 철학이 있어야 한다. 철학이 없다면, 방향을 잃게 된다. 부모로서 나의 철학은 한마디로 '배려'였다. 혼자가 아니라 상대를 배려하는 마음을 갖고 함께 사는 세상에 좋은 영향을 미치는 사람으로 성장하길 바랐다. 배려를 실천하는 한 예로 짜장면이나 치킨을 배달하는 아저씨들이 음식을 갖다주고 가실 때 바로 문을 턱 걸어 잠그지 못하도록 했다.

"아저씨가 문을 닫고 탁 걸쇠가 닫히면 기분이 어떠실 것 같아? 너도 친구네 갔는데 안녕 하고 돌아서자마자 친구가 문을 쾅 닫고 걸쇠를 탁 닫으면 어때? 마음이 안 좋겠지? 배려는 그런 거야. 나를 남의 입장에 놓아보는 것. 아저씨 발걸음이 사라질 때까지 문은 조용히 닫고 걸쇠는 들리지 않게 살짝 걸어."

아이들은 내 말을 잘 따라주었다. 이후에도 아이들은 음식이 배달되어 오면 걸쇠를 걸기 전에 아저씨의 발걸음이 멀리 사라질 때까지 문 앞에서 귀를 기울였다.

두 번째 배려의 실천은 '상대보다 늦게 전화 끊기'였다.

"즐겁게 통화하다가 먼저 툭 하고 전화를 끊으면 상대가 마음이 상하게 된단다. 물론 먼저 끊어야할 때도 있지. 하지만 가급적이면 상대가 전화를 끊었는지 살피는 게 배려야. 보이지는 않지만 서로 챙기는 게 배려란다."

귀에 딱지가 앉게 강조한 덕분인지 아이들은 지금도 이 2가지를 철저하게 지킨다.

또 다른 배려의 실천은 '인사'였다. 상대를 존중하는 배려의 마음으로 누구에게든 먼저 인사를 하도록 했다. 인사 잘해서 손해 보는 일은 없다. 입이 닳도록 강조했더니 한번은 김밥집에 들어가면서 얼마나 크게 인사를 했는지 손님들이 다 웃었다. 둘째 아이는 후에 이렇게 말했다.

"엄마, 인사를 잘 하도록 키워주셔서 정말 칭찬을 많이 받았어요. 저도 아이 낳으면 꼭 인사 잘 하는 아이로 키울 거예요."

대체적으로 인사를 먼저 건네는 사람들이 자존감이 높다고 한다. 자신감이 넘치면 상대에게도 먼저 인사를 건네게 된다. 수많은 자기계발서에서도 직장 내 인사의 중요성을 강조한다. 인사는 자신감의 표출이기도 하지만, 반대로 인사를 함으로써 자신감을 얻게 된다. 자신감이 넘치게 인사를 먼저 건넨다는 건 '당신을 만날 준비가 되어 있어요'라는 신호를 보내며 먼저 소통의 손길을 내미는 것이다.

미국에 살 때 학교에서 돌아온 첫째 아이가 장애인 친구들의 점심 친구가 되었다고 자랑을 했다.

"우리 반에 장애인 친구들이 함께 점심 먹고 싶은 친구를 선택했는데 저를 택해줬어요."

깜짝 놀랐다. 장애인 친구들이 도와줄 친구를 스스로 선택할 수도 있는데, 왜 항상 우리는 장애인 친구 돕는 일을 선택한다고 생각했을까? 나도 모르는 사이 비장애가 '갑'이라고 생각했던 것은 아닐까. 사고의 프레임을 바꾸지 않으면 잘못된 고정관념을 갖게 될 수도 있다. 초등학교 고학년 때 장애인 도우미였던 첫째 아이는 몸이 불편한 친구를 도왔다.

"친구가 복도를 걸을 때 도와주는 일인데요, 평소에는 부축해주는데 오늘은 친구가 혼자 걷겠다고 했어요. 친구 옆에서 정말 천천히 걸음을 맞춰서 걸었어요. 혼자 가면 30초면 되는데 30분도 넘게 걸린 거 같아요. 땀을 뻘뻘 흘리면서 걷는 친구를 보면서 느리게 걷는 게 얼마나 힘든지 처음으로 알았어요. 아무것도 아니라고 생각했던 일이 친구한테는 힘들 수 있구나 깨닫게 됐어요."

첫째 아이는 울먹이며 말을 전했다. 아이의 친구가 도움을 받는 것이 아니라 친구로 인해 아이가 오히려 생각을 깨우치게 된 듯했다.

'돈을 많이 벌어서 부족함 없이 살면 좋겠다', '여러 사람들과 나누고 돕는 삶을 살면 좋겠다', '꿈을 펼치고 유명인이 되었으면 좋겠다', '평범해도 건강하게 그저 행복하면 좋겠다' 등 부모들의 가치와 철학은 저마다 다를 것이다. 반드시 각자의 철학을 가슴에 새기자. 철학이 있는 부모와 그렇지 않은 부모의 양육태도는 다를 수밖에 없다. 그 태도가 아이의 미래를 만들 것이다.

이 글을 읽고 있는 당신은 어떤 부모인가? 어떤 철학으로 살아왔는가? 부모로서 어떤 철학적 가치관으로 아이를 키우고 있는가? 아이들에게 어떤 가치관을 인생철학으로 심어주고 있는가? 지금이라도 반드시 마음을 두드려보자. 부모의 철학이 자리를 잡고 있어야 아이의 인생을 바른 방향으로 잡아줄 수 있다.

Point

나는 어떤 철학으로 아이를 키울지 생각을 정립하자.

지나친 풍요로움이
아이를 망친다

내 아이에게 무엇인가를 해줄 수 있다는 자신감은 감사한 일이다. 힘든 직장생활을 이어나갈 수 있는 것도 그런 이유다. 내 가족이 누릴 안락함을 생각하면 힘이 난다. 특히 아이에게 해줄 수 있는 물질적 지원이 보장될 수 있다는 만족감도 있다.

첫아이를 낳고 백일이 지난 순간부터 영어책을 들고 설치던 나의 모습을 기억해보면 웃음이 난다. 극성과 열성 사이에서 무엇이 바른 일인지 생각하기도 버거웠던 그때는 무조건 해주는 것이 최선이라고 판단했다. 원하는 건 다 해줄 수 있어야 좋은 부모라고 생각했다. 돌이켜 보니 아이의 행복을 핑계 삼은 나의 만족이었을지도 모르겠다.

빠진 것 없이 다 갖추고 살게 된 요즘 아이들은 가진 것이 넘쳐 매사 감사하기보다는 경제적인 풍요를 당연하게 여긴다. 일정 수준 이상 보장된 경제의 풍요는 아이러니하게도 상대적인 박탈감을 느끼게 만드는데, 이는 '성숙하지 못한 자신감' 때문이다. 아무리 공부를 잘하고 좋은 학교에 가고 남들이 부러워하는 직업을 가졌다고 해도 비뚤어진 경제관념을 어릴 때부터 가지고 있다면 생활에 만족을 느끼기 어려울 수 있다. 앞에서 용돈에 관한 이야기를 했는데, 용돈만이 아니라 일반적인 '돈'에 대한 경제관념은 현실적으로도 매우 중요하다.

아이에게 바른 경제관념을 어떻게 심어줄 것인가? 필요하다는 것을 즉각적으로 사주거나 누구보다 빠르게 제공해주어 부모로서 뿌듯함 느낄 수 있는 순간이 있다 해도 아이를 위해서 합리성을 생각해봐야 한다.

행동재무전문가 모건 하우절Morgan Housel이 자신의 딸에게 전하고 싶은 돈에 대한 교훈을 발표한 적이 있다. 그중 마음에 남은 내용을 현실에서 적용할 수 있도록 정리해보았다.

돈에 대한 교훈

1. 돈보다 소중한 것이 기회다. 기회를 잡아라!

인생에서 얻을 수 있는 기회는 돈보다 소중하다. 친구, 환경, 만나는 사람 모든 것이 기회가 될 수 있다. 이것은 돈보다 소중하다.

2. 돈이 부족해본 경험이 있어야 그 소중함을 깨닫는다.

1000원이 부족해서 사지 못했던 물건을 1000원을 저축해서 사게 되면 더 소중하다. 쉽게 얻는 것보다 어렵게 얻을 때, 돈이 부족할 때 돈의 가치를 더 잘 알게 된다.

3. 벌 수 있는 만큼 계획 있게 쓸 줄 알아야 한다.

한 달에 10만 원을 버는데 8만 원이 필요하다면, 한 달에 100만 원을 버는데 120만 원이 필요한 사람보다 훨씬 행복한 부자다. 능력에 맞게 소비할 줄 알아야 한다.

경제적으로 풍요로울수록 돈이 넉넉할수록 삶이 더 윤택할 것이라는 생각을 누구나 하게 된다. 그러나 주위를 돌아보자. 오히려 많은 돈으로 삶이 더욱 피폐해지는 부자들의 이야기를 어렵지 않게 들을 수 있다. 그렇다면 경제적 풍요로움은 절대적인 개념이 아니라 상대적인 개념이고, 이러한 행복은 어린 시절부터 몸에 배는 생활환경에서 얻어지는 것이라는 결론이 나온다.

예를 들어보자. 아이들에게 용돈을 2배로 올려주면, 한동안은 좋아하지만 2개월이 지나면 올라간 용돈에 대해 별다른 만족감을 느끼지 못하게 된다. 오히려 커진 씀씀이에 적응하고 나면 실제적으로 필요한 경비만 가지고 충분히 생활하던 순간을 잊어버리고 만다. 한 달 용돈으로 2000원을 썼는데, 계획이나 특별한 이유 없이 4000원으로 올려주면 잉여분인 2000원으로 인해 불필요한 소비에 익숙해진다. 그러면서 그 소비가 원래 필요했던 것처럼 인식하게 되는 것이다. '불필요경비'를 '필요경비'로 착각하면서 행복은 반감되고 더 이상 늘어나지 않는 부로 인해 불행을 맛보게도 된다. 미니멀리즘으로 라이프스타일을 바꾼 사람들의 이야기를 들어보면 없어도 되는 것들이 이렇게 많았는지 몰랐다고들 한다. 경제관념을 키울 때는 정말 필요한 것인지, 꼭 필요한 것인지 생각하는 과정이 필요하다.

대치동 한복판에서 길을 건너려고 서 있는데, 중학생으로 보이는 두 아이가 대화를 나누고 있었다.

"이거 ○○ 브랜드 점퍼잖아? 언제 샀어?"

"그저께. 우리 엄마가 60%나 세일해서 사왔대. 35만 원인가?"

"우와!"

탄성을 내지르는 친구를 보며 아이가 어깨를 으쓱하더니 이야기한다.

"이게 비싼 거 같아? 그럼 넌 뭘 입어?"

나는 옆에 서서 두 아이의 대화를 듣고 깜짝 놀라고 말았다. 머릿속에 계산기가 돌아간다. '60% 할인해서 35만 원이면 원가가 80만 원대에 이른다는 건데, 중학생이 점퍼를 수십만 원이나 주고 산다고?'

그런데 아이는 그런 옷이 좋다고 생각하지도 않는다. 그 아이에게 수십만 원의 점퍼는 당연한 가격이다. 아이의 표정은 잘난 척을 하려는 게 아니라 진심으로 그 정도의 가격대가 아니라면 도대체 무엇을 입느냐고 친구에게 묻고 있었다.

아이들이 중학교에 다닐 때 유명 브랜드의 점퍼가 유행인 적이 있었다. 그 상표의 옷을 사주지 않는다고 떼를 쓰는 아이들도 등장했다. 엄마인 내가 명품 브랜드를 평소 찾지 않으니 우리 아이들도 무감각했다. 동네 모임에 나갔더니 역시 그 브랜드의 점퍼에 대해 이야기를 하길래 돌아와 아이들에게 물었다.

"너희는 그 브랜드 옷 안 갖고 싶어? 그게 요즘 유행이라 입으면 개성 있다고 한다던데?"

"얘도 쟤도 다 입어서 오히려 개성 없어요. 안 입어야 개성이 산다고요."

일축해버리는 아이들이 고맙기도 하고 미안하기도 했다. 돈이든 물건이든 실용적이고 합리적으로 소비활동을 할 수 있도록 어린 시절부터 부모가 직접 모범을 보이고, 경제에 대한 이야기를 나누어야 한다. 몸에 배인 소비 패턴은 쉽게 바꿀 수 없다. 무엇이 아이의 마음을 풍요롭게 키우는 것인가? 장난감 하나를 사더라도 필요에 따라 합리적 계획을 세우고 계획하에 선택하고 소비할 수 있도록 도와주는 교육도 반드시 필요하다.

Point
왜 필요한지, 꼭 필요한지 생각부터 하는 과정을 거치게 하자.

부모의 품에서
우리 모두는 귀하다

사촌 동생의 늦둥이 딸은 이제 만 6살이다. 오랜만에 모인 가족들이 아이를 에워싸고 즐거움이 가득하다. '이거 해봐라, 저거 해봐라!' 가족들의 주문에 조막만 한 손을 흔들며 아이는 재롱을 부렸다. 그러다가 흥이 올랐는지 재롱잔치에서 했던 춤을 보여 주겠다며 제 엄마더러 음악을 틀어달라고 했다. 휴대폰에서 흘러나오는 댄스음악에 맞춰 아이의 몸짓이 현란하다.

워낙 흥이 많은 아이라 매일 연습까지 했다는데 돌이켜 생각하니 모든 아이들이 이렇게 다 연습을 했나 궁금해진다. 혹여 타고난 몸치에 춤이 싫었던 아이들까지도 부모에게 재롱을 보이기 위해 스트레스를 받으며 연습한 것은 아닐까 엉뚱한 생각이 들었다.

청주에서 제일 비싸다는 한 사립 유치원에서 재롱잔치를 준비하던 아이들이 제대로 못한다고 교사가 장구를 빼앗아 바닥에 패대기를 치고 아이의 얼굴 앞에서 고성을 지르는 사건이 터졌다. 화려한 재롱잔치로 정평이 나 있다는 유치원에서 벌어진 사건을 두고 재롱잔치가 재롱훈련이었을지 모른다는 엄마들의 걱정이 터져 나오자 유치원은 몇몇 엄마들의 지나친 극성이 사건을 키우고 있다고 반박했다. 재롱잔치를 준비하는 계절이면 교사들도 부담스러웠다고 속병을 털어냈다. 말 안 듣는 아이들까지 연습시켜 부모 앞에서 제대로 보여줘야 한다는 부담감에 자신들도 힘들었다는 얘기다.

서로 할 말이 많다. 유아교육 전문가들은 하기 싫어도 야단맞을까 두려워 연습에 몰두해야 했던 아이들의 공포는 큰 문제라고 강조했다. 나만 잘하면 된다는 또 다른 이기심이 난처한 상황에 놓인 친구를 외면하게 만들었다면 이 또한 무시할 수 없는 문제라고 지적했다. 일사분란하게 움직이는 이런 재롱훈련을 도대체 무엇 때문에 해야 하는 것일까?

그것에 열광하고 환호하며 대견해했던 나도 예외는 아니어서 갑자기 공범이 된 죄지은 기분이 밀려왔다. 아이들이 어렸을 때도 어린이집이나 유치원에서 해마다 재롱잔치라는 것을 했다. 5~6살 아이들이 음악에 맞춰 흐트러짐 없이 율동을 척척 해내며 '만들어진 재롱'을 보여주면 나 역시 얼마나 흐뭇했던가. 앙증맞게 움직이는 물 샐 틈 없는 그 질서(?) 앞에서 감동이 샘솟기도 했다. 다들 하니까 하는 수 없이 억지로 움직였을지도 모를 그 스트레스는 단 한 번도 생각해본 적이 없다.

몇 년 전, 한국 아이들과 외국 아이들이 함께하는 오케스트라를 만드는 프로젝트를 진행한 적이 있다. 다양한 나라의 아이들이 모였는데 연습 일정을 맞추는 일부터 난항이었다. 제대로 된 연주를 보여주려면 매주 모여 연습해야 한다고 했더니 외국인 부모들이 손사래를 치며 반대했다. 전문 연주자도 아닌 아이들에게 강도 높은 연습은 무리라고 반대해 결국 물거품이 되고 말았다.

그 후 한 외국인학교 어린이 오케스트라 연주회에 초대되어 갔다가 연주솜씨에 실망감을 감추지 못하고 있는데 관객석에 앉은 부모들의 열화와 같은 환호에 놀란 일이 있었다. 그 엉성한 솜씨의 연주를 끝내고도 아이들은 자랑스러운 표정이었다. 지휘자가 말했다.

"우리는 전문 연주자가 아닙니다. 그냥 행복하게 연주했어요. 즐거우셨나요?"

우뢰와 같은 환호와 박수가 강당을 메웠다. 부모들은 아이들의 훈련된 실력에 감동한 것이 아니라, 어설픈 솜씨에도 열심히 해준 아이들의 노력에 큰 격려를 보내고 있었다. 기대만큼 실력을 보여주지 않아도 존재만으로도 귀한 아이들임을 잠시 잊고 있었다.

휴게소에서 언젠가 아이를 잠시 잃어버린 적이 있었다. 아이의 얼굴을 발견하기까지 1분이 3년처럼 느껴졌다. 그 철렁한 심정이란 당해보지 않으면 모른다. 둘째 아이를 낳고 슈퍼에 갔다가 첫째 아이 손만 잡고 둘째 아이가 탄 유모차를 그대로 두고 온 적도 있다. 집에 돌아와 아이의 유모차를 찾으러 달려가던 그 30초는 이 세상에서 제일 길었던 순간인 것 같다. 심장이 터질 것 같은 두려움, 그런 마음으로 우리는 아이를 지키며 키워간다.

아이를 안고 졸다가 밤새 지쳐서 벽에 머리를 박기도 하고, 모유 수유의 고통으로 몇 날 며칠 젖몸살에 끙끙 앓기도 하면서 아이와 함께 성장한다. 그렇게 귀한 생명을 두고 점점 욕심이 생긴다. 기대에 차지 않으면 아이를 믿지 못하고 스트레스를 주기도 한다. 처음부터 아이에게 우리가 그런 욕심에 찬 기대를 가졌었던가. 아니다, 그저 엄마와 아이라는 이름으로 순수했던 그 시기를 종종 잊게 되는 것이다.

여러 가지 사연으로 모인 서울역 노숙자들도, 뉴스에 보도되어 입방아에 오르내리는 잘못된 인생들도 자식의 첫울음에 감격했을 한 어머니의 귀하고 소중한 인생들이었다. 몇 년 전 마약사범 관련 특집 방송 취재차 검찰청에 들렀을 때의 일이다. 관계자를 만나러 사무실로 들어서는데, 검사와 죄수의 이름을 단 두 사람이 책상을 사이에 두고 마주 앉아 있었다. 와이셔츠를 깔끔하게 차려입은 검사 앞에 포승줄로 꽁꽁 묶인 마약사범이 조사를 받고 있었다. 죄를 묻는 당당한 목소리 앞에 고개를 숙인 채 죄수는 기어들어 가는 소리로 자신의 죄를 뱉고 있었다. 그도 어머니에게는 세상의 천금과도 바꿀 수 없는 귀한 생명이었을 것을 떠올리니 안타까운 마음이 절절했다.

'잘 살 일이지. 어떻게든 제대로 살아볼 일이지……'

그 어머니의 눈물을 생각하니, 아무 관계없는 사내의 등짝을 소리 나게 한 대 때려주고 싶었다.

한국 체조 역사상 첫 올림픽 금메달을 목에 걸었던 양학선 선수의 어머니는 마음속에 잔잔한 파문을 일게 했다. 그의 어머니는 하루 일당 6만 원을 벌기 위해 온종일 엉거주춤한 자세로 복분자를 땄다고 했다. 잔가시가 가득 박힌 어머니의 손을 보고 마음이 울컥했다는 아들은 인생에 가장 큰 영향을 준 사람을 '어머니'라고 했다. 비닐하우스에 살면서도 가난하지만 늘 따뜻하고 명랑했던 어머니가 금메달보다 더 간절히 염원했던 것은 아들의 무탈無頉이었다. 그리고 그 아들은 결국 값진 메달을 어머니의 품에 안겼다.

믿어주는 부모가 아이의 성취를 이룬다. 아이를 믿고 기다리자. 처음 아이를 본 순간을 기억하자. 다른 욕심 없이 그저 건강하기만을 바라던 첫 순간을 잊지 말자. 기다림이란 때로는 모질고 힘들지만 믿는 마음이 단단하다면 아이는 바르게 잘 자란다.

Point

처음 아이를 보았던 순간, 아무 조건 없었던 그 감동을 잊지 말자.

부모의 체면치레가 앞서면 교육을 망친다

아이가 초등학교에 갈 나이가 되면 엄마들의 모임이 많아진다. 아이가 기죽을까봐 엄마들 사이에 명품브랜드 가방 구입이 늘어난다는, 말도 안 되는 뉴스가 때마다 등장하는 걸 보면 아직도 우리는 남의 시선에 많이 신경 쓰며 살고 있다는 생각이 든다.

역사학자이자 철학자인 알랭 드 보통은 저서 《불안》에서 우리의 삶은 불안을 떨쳐내고, 새로운 불안을 맞아들이고, 또다시 그것을 떨쳐 내는 과정의 연속이라고 했다. 특히 부의 소유에 따라 지위가 구분되기 시작하면서 사람들은 '내가 나를 어떻게 보느냐'가 아니라, '세상이 나를 어떻게 보느냐'의 불안 속에서 자신의 가치를 결정한다고 지적했다. SNS에 올라간 글에 달린 댓글 개수로 천국과 지

옥을 오가는 사람들이 늘어난다. 내가 무엇을 잘못해 불안해지는 게 아니라, 그 일로 인해 남이 나를 어떻게 보느냐가 불안을 만드는 것이다. 남의 눈치를 살펴야 하는 인생은 생각만 해도 피곤하다.

학부모들이 삼삼오오 모여서 서로 사는 이야기를 나누다 보면 살림살이, 남편의 직업, 엄마의 학력 등 속속들이 서로의 수준을 겨누는 정보들이 쏟아진다. 묘한 경쟁심리 속에서 기죽지 않으려고 서로 눈치를 살피는 피곤한 게임이 시작된다. 사는 동네, 사는 아파트, 타고 다니는 승용차의 크기와 종류까지 따져가며 편을 가르는 사람도 등장한다. 안타까운 건 이런 잘못된 편견들이 아이들에게 영향을 미쳐서는 안 될 일이지만 종종 상처를 준다는 사실이다.

첫째 아이가 중학교 때 물리학을 참 잘하는 친구가 있었다. 아이의 부모는 이혼을 했고, 새엄마가 동생을 갓 낳아 이 친구를 돌봐주기 힘들다고 했다. 하는 수 없이 할머니의 손에서 자란 그 친구는 혼자서 돈을 들고 다니며 학원에 등록을 한다고 했다. 어느 날 집에 온 첫째 아이가 한숨을 쉬며 볼멘소리를 내뱉다.

"세상 참 불공평해요. 학원 선생님께서 그 친구한테 이렇게 물리의 촉이 좋은 아이는 처음 본다고 칭찬하셨거든요. 같이 공부를 해보면 정말 다르더라고요. 뭐라고 설명해야 할지 모르겠는데 어쨌든 물리는 무조건 외워서 되는 공부는 아니거든요. 그렇게 잘하는 친구인데 부모님이 안 계시니까 영재고든 과학고든 내신이 중요한데, 혼자서 다 해야 하니 내신 받기가 어려운 모양이더라고요. 정말 실력이 좋은 친구인데 부모님이 있고 없고가 입시를 좌우하는 건 불공평한 거 같아요. 커서 창업하면 꼭 그 친구랑 같이 할 거예요. 정말 세상은 불공평해요. 실력 좋은 친구인데……."

아이는 정말 속상해했다. 나는 실력이 좋다면 어떤 환경과 편견 속에서도 눈치 보지 않고 잘 해낼 거라고 아이를 애써 위로했다. 하지만 위로하면서도 반신반의했다. 그렇게 되기를 정말 바라지만, 현실적으로 쉽지 않을 것이라는 사실을 알고 있기 때문이다. 이 세상 모든 아이들의 출발점은 정말 모두가 공평한가? 재능과 환경, 그 모든 것이 공평한가? 그렇다고 자신 있게 대답할 수 없었기 때문이다.

물론 불가능하지는 않을 것이다. 환경이 좋지 못해도 아이의 재능과 노력에 따라 성취할 가능성은 있다. 그러나 아이 혼자 해낼 수 있는 가능성이란 과연 얼마나 될까? 현실적인 안타까움이 먼저 떠올랐다.

그만큼 대한민국 사회에서 아이의 성취는 부모의 열성이 직간접적인 큰 영향을 준다. 잘못된 열성은 아이를 힘들게 한다는 것을 알면서도 우리는 포기하지 못한다. 어차피 할 아이는 강요하 듯 등 떠밀지 않아도 잘 해낼 것이다. 반면, 어차피 본인이 좋아하지 않는 분야라면 억지로 등 떠밀어 어느 지점까지 올려 두어도 한순간에 돌아설 것이다. 이 모든 것을 알면서도 아이에 대해서 결코 포기할 수 없는 것이 부모의 본능이다. 이 본능과 아이의 현실 사이에서 늘 갈등이 발생한다. 참 어려운 대목이다.

초등학교 5학년인 첫째 아이가 교내 과학의 달 행사로 고무동력기 날리기 대회에 참가했다. 그날따라 운이 좋았는지 학교 대표로 선발되어 지역대회에 나가게 되었는데 학교에서 담당선생님께 전화가 왔다. 가만히 들어 보니 2등을 차지한 아이에게 대표자리를 양보하면 어떻겠냐는 내용이었다. 무슨 소리인가 싶어 대뜸 항의를 하고 싶었지만 인내심을 가지고 끝까지 이야기를 경청했다. 2등을 한 아이가 실력이 좋다면, 우리 아이가 운이 좋아 1등을 했다면 까짓것 학교를 위해 대표자리 양보할 수도 있겠다 싶었다. 그런데 내용이 좀 이상했다. 불편하고 심기를 건드리는 말이 이어졌다.

"어머니는 직장에 다니셔서 연습시킬 시간이 없으실 거라고 2등 어머니가 걱정이 크세요. 그 어머니는 매일 아이를 데리고 정말 열심히 연습시키거든요. 그래서 물어봐달라고 하시네요. 바쁘실 텐데 아이를 지역대회에 참가시킬 수 있으시냐고요"

연습은 아이가 해야 하는 거 아닌가? 왜 엄마 시간이 필요하지? 갑자기 양보할 마음이 비뚤어지기 시작했다. 엄마가 바빠서 양보를 하라니 이게 무슨 개떡 같은 철학인가? 이런 논리라면 일하는 엄마의 아이들은 모든 것을 포기해야 하나? 언제까지 엄마가 옆에서 거들어줘야 하는 거야? 아이들의 대회에 아이들이 준비를 해야지 왜 엄마가 나서야 하는 거지? 배배 꼬인 내 마음은 이미 양보할 마음을 걷어내고 있었다.

그리고 이런 요구를 하는 부당성에 대해 바르게 지적해야겠다고 온몸의 세포가 정의로움으로 곤두섰다. 학교생활은 엄마가 하는 게 아니라 아이가 하는 것이 아닌가. 나는 아주 침착한 어조로 또박또박 대답을 이어갔다.

"선생님, 걱정해 주셔서 고맙습니다. 그 어머니께 전해주세요! 부족하지만 대표가 되었으니 최선을 다해 연습하도록 이르겠다고요. 좋은 성적을 못 내서 학교에 폐를 좀 끼치더라도 열심히 하라고 지도하겠습니다. 시간을 내서 최선을 다하는 건 엄마인 제가 아니라 아이가 할 일이니까요. 학교에서도 결과와 상관없이 그런 과정이 중요하다고 격려해주실 거라 믿습니다."

내 말이 너무 단호했는지 전화는 조용히 끊겼다. 그리고 나는 책임지고 일을 마무리하기 위해 아이를 앉히고 강한 어조로 이야기했다.

"네가 학교 대표가 되었으니 최선을 다해야 해. 2등을 한 친구의 마음을 이해해서라도 더 열심히 해야 돼."

그리고는 여러 지인을 거쳐 알게 된 경비행기 조종사 한 분을 붙잡고 부탁했다. 극성이라고 해도 좋다. 그때는 최선을 다해야 한다는 간절함이 컸다.

내 속상함을 이해한 그분은 마음을 다해 아이를 도와주었다. 매일매일 할 수 있는 노력을 다한 아이는 대회에서 1등은 아니었지만 만족할 만한 성과를 거둘 수 있었다. 이 일은 많은 것을 배우고 깨우친 계기가 되었다.

아이가 즐겁게 바라보는 방향이라면 우리의 체면이나 만족을 위해서 달릴 수는 없다. 적어도 부모라면 체면치레용 교육이 아니라 진정 내 아이의 미래를 위한 교육에 몰입해야 한다.

Point
친구 따라 강남 가면 불행해진다. 스스로 선택하도록
자존감을 키워주자.

작은 아이디어가
특별한 아이를 만든다

엄마는 아이를 만든 창조자이며 아이를 기르는 마술사다. 엄마는 가능성의 인재를 키우는 기적의 주인공이다. 나는 엄마가 된 것이 정말 좋았다. 정성을 다하면 과학의 일정 법칙처럼 기대한 만큼 아이들은 결과를 보여주었다. 그래서 아이들과 함께한 시간이 즐거웠고, 그 경험은 내게 큰 선물이었다. PD 엄마가 고민하고 기획하여 아이를 키울 때 도움이 되었던 팁을 다음 사례를 통해 알아보자.

두 아이 모두를 최고로 사랑하는 법

어느 날 욕심 많은 둘째 아이가 물었다.

"형이 좋아? 내가 좋아?"

아이들은 늘 이런 문제로 엄마를 곤란에 빠뜨려 사랑을 시험한다. 나는 그럴 때마다 아주 태연하고 느긋하게 창의적인 대답으로 응수해주었다.

"이 세상 모든 5살 중에서는 네가 제일 좋고, 모든 6살 중에서는 형이 가장 좋아!"

아이는 어쨌든 최고가 되었으니 기분 상하지 않고 고개를 끄덕인다. 아이들이 유치원을 다닐 때도 일주일에 한 번은 꼭 점심시간을 비워서 아이들에게 달려갔다. 갑작스레 나타난 엄마를 보고 첫째 아이는 눈이 휘둥그레졌다.

"오늘은 너만을 위한 날이야. 우리 둘이 점심 먹으러 왔지."

"그럼 동생은요?"

"다 필요 없어요. 오늘은 너만을 위한 날이니까."

엄마의 사랑을 독차지했다는 은밀한 사실을 인지한 순간, 아이의 표정은 들뜨기 시작한다. 그리고 그 다음 주 점심시간에는 둘째 아이의 유치원으로 달려갔다.

"엄마, 형은요?"

"오늘은 너하고만 데이트할 거야. 너만을 위한 날이니까."

엄마를 독차지할 수 있다는 생각은 아이들에게 안정감을 주었다.

'엄마는 언제나 너의 편이야. 보이지 않아도 늘 너의 뒤에 있어. 엄마의 든든함을 느껴봐!'

나의 마음이 아이들에게 온전히 전해졌을 것이다.

한 해를 돌아보는 유익한 기회로 만들어주는 성탄절 선물

크리스마스에 아이들에게 선물을 줄 때 그냥 주지 않았다. 만일을 대비해 두 종류의 선물을 사서 베란다와 현관 앞에 준비해두고 아이들이 잠든 사이 트리 밑에 편지를 두었다. 그리고는 성탄절 아침, 선물을 잔뜩 기대했던 아이들이 떨리는 마음으로 트리 앞으로 가도록 했다. 트리 밑에 선물이 없다는 상실감은 잠시, 예쁜 봉투 안에 들어 있는 산타의 편지를 읽도록 했다.

"착한 일을 3가지 넘게 했으면 현관으로 가고, 3가지가 안 되면 베란다로 가세요."

어쨌든 선물을 받아야 하니 두 아이는 철썩 주저앉아 머리를 맞대고 고민한다.

"그때 장난감 가지고 놀고 우리가 정리했잖아. 그건 착한 일이지, 형?"

"그리고 김밥집 갔을 때 큰 소리로 인사했어. 그것도 좋은 일이지?"

선물을 받고 싶은 둘째 아이는 자꾸 어떤 일이든 꺼내와 의미를 만든다.

"근데 네가 그때 떼쓰면서 블록을 다 쏟아서 엄마가 화냈잖아."

첫째 아이는 제법 객관적이다.

"아니야. 엄마가 용서해줬어. 용서받았으니까 착한 거지."

옆에서 지켜보고 있으면 웃음이 났다. 두 아이는 한참 토론 끝에 어찌되었든 착한 일을 3가지 넘게 이어 붙인다. 서로 이야기할 기회를 만들어주고, 좋은 일에 대한 의미도 나누어보게 하려고 일부러 만든 상황이다. 대화를 나눈 뒤 냅다 달려간 현관에는 아이들을 위한 선물이 있다. 만일을 위해 베란다에 준비한 다른 선물은 다음 기념일에 쓰면 된다.

평범한 일을 특별하게 만들어주는 형제의 대화

어린이날을 며칠 남기지 않은 5월, 차 뒷좌석에 앉은 아이들이 난리가 났다.

"축구화 사주세요." "아니, 로봇 사주세요." "아니, 놀이공원 가요."

나는 절대로 소리를 높이지 않고 낮은 소리로 말했다.

"당연히 선물 사줘야지. 그런데 엄마는 너희 둘이 다투지 않고 의견을 하나로 일치시키면 그게 무엇이든 꼭 사주고 싶은데 너희들은 어때?"

아이들은 금세 조용해진다. 그리고 차분히 앉아서 서로 얼굴 마주보며 이야기를 시작한다.

"너는 뭘 가지고 싶은데? 축구화?"

"아니, 난 축구 싫어. 나는 자전거 갖고 싶어. 형은?"

"축구화가 왜 싫어? 축구 하면 건강해진단 말이야."

"자전거 타는 것도 얼마나 좋은데……."

형제 간에 대화를 나눌 기회를 많이 주고 싶었다. 상대의 이야기에 귀 기울이고, 의견을 조율하는 방법을 터득하게 해주고 싶었다.

타협과 협력이 오히려 더 많은 것을 얻게 한다는 사실을 배우게 하고 싶었다. 나의 계산은 적중한 것이 많다.

세계지도가 만든 글로벌 마인드

첫째 아이가 기어다닐 무렵, 커다란 세계지도를 방바닥에 붙였다. 네가 뻗어나갈 세계는 이렇게 크고 넓다는 것, 부산이 아니라 대한민국을 넘어 큰 세계를 보고 더 큰 꿈을 펼치는 사람이 되라는 것, 그것이 첫 번째 이유였다. 그리고 각 나라의 위치를 억지로 외우지 않아도 자연스럽게 익히길 바란 것이 두 번째 이유였다.

첫째 아이가 뛰고 달릴 무렵 태어난 둘째 아이는 세계지도 위에서 배밀이를 시작하고 걸음마를 배웠다. 제 형과 지도를 깔고 앉아서 과자를 늘어놓고 먹더니 7살쯤 되니 지도에 엎드려 여기는 영국, 여기는 스페인 하면서 이야기를 나누었다. 생각대로 아이들은 암기하지 않고도 매일 뛰고 달린 세계지도 위에서 세계를 익혀 갔다.

아이들이 몸을 가누기 시작한 이후로는 바닷가 백사장에 담요를 하나 펴두고 자주 앉혀두었다.

"보아라, 아들들아! 이 바다를 건너면 또 다른 세상이 있다. 세상이 이렇게 넓단다."

세계를 내 집처럼 넘나들며 선한 영향력을 주는 사람이 되기를 바랐던 이 엄마의 속마음은 아직 간절한 바람으로 남아 있다. 평소 엄마의 마음이 아이의 많은 것을 결정한다. 별것 아닌 것 같은 나의 말과 태도가 아이의 전부를 이룬다면 얼마나 무서운 일인가. 엄마의 마인드가 아이의 우주를 바꿔놓을 수 있다.

그리고 싶은 것을 그리는 특별한 미술교육

아이들이 어렸을 때 방문 미술교육이 유행했다. 이 땅의 모든 아이들을 화가로 만들 것처럼 아이들이 모두 그림을 그렸다. 나는 그림에 재주가 없다. 우리 집안에도 그림으로 성공한 화가는 없다. 그러니 미술을 배운다고 잘할 리 없었다. 단지 그림을 통해 얻을 수 있는 정서적 안정감, 그림을 그리면서 키울 수 있는 창의적 사고는 필요하다 싶어 고민을 시작했다. 그리고 아이디어 하나가 떠올라 바로 실천에 옮겼다. 방문 미술선생님과 면담을 했다.

"선생님, 저희 아이는 화가가 되진 못할 거예요. 그림에 재주가 없거든요. 그런데 그림 수업이 아이들 정서에 많은 도움을 줄 테니 그냥 그리고 싶은 걸 그리면서 창의적 상상을 많이 할 수 있도록만 해주세요. 오실 때 그냥 도화지에 네 칸을 만들어 첫 번째 칸만 자유로운 주제로 채워주세요. 나머지 3칸은 아이가 마음껏 상상하고 그리게요."

선생님은 내 뜻을 잘 이해해 주셨다. 첫 번째 칸에 선생님이 '우리 동네 시장에 세종대왕이 나타났다!'라는 주제로 그림과 글을 써주시면, 아이는 생각에 빠져 즐겁고 흥미롭게 나머지 3칸을 채워갔다. 그림은 엉망일지언정 상상력이 커지는 만큼 아이의 생각도 자랐다.

안방을 내어 주고 부부는 작은 방으로

초등학교에 입학하면서 안방을 아이들의 방으로 꾸며주었다. 군이 잠만 자는 안방을 넓게 쓸 이유가 없었다. 아이들의 공간이 넓어지니 둘 다 매우 행복해했다. 형제가 옆으로 앉을 수 있게 책상도 2개 사서 이어주고 옷장도 2개를 넣어주었다. 스스로 옷을 정리하고 챙겨 입을 수 있도록 책임을 부여했다.

그리고는 책상 위에 아이의 개성에 맞는 문구를 붙여 주었다. 매사 얌전하고 생각이 많은 첫째 아이에게는 '우리 멋진 ○○, 너는 많은 사람들에게 즐거움을 주는 귀한 사람이 될 거야'라고 써서 책상 앞에 붙여주었다.

그리고 애교 많고 활발한 둘째의 책상에는 '우리 귀여운 ○○, 언제나 사랑받고 사랑을 주는 소중한 사람이 될 거야'라고 써서 붙여주었다. 아무것도 아닌 것처럼 보이는 이 두 줄의 글귀를 아이들은 매일 눈에 담았다. 모르긴 몰라도 매일 세뇌되 듯 본 이 문구가 제값을 했을 것이라 생각한다.

나는 지금도 휴대폰에 '멋진 ○○', '귀염 ○○'라고 두 아이의 닉네임을 이름 앞에 붙여두고 있다. 그리고 그 단어에서 연상되는 마음으로 아이들의 전화를 받는다. 며칠 전에는 휴대폰에 쓰인 닉네임을 좀 바꿀까 하고 물었더니 그냥 두시라며 아이들이 웃었다. 엄마에게는 언제나 멋지고 귀여운 아들로 남고 싶으니 그대로 두셔도 상관없다나.

비싼 교구가 있어야 좋은 교육이 가능한 것은 아니다. 남들 다 한다는 교육을 모두 따라 한다고 내 아이가 특별해지는 것도 아니다. 내 아이를 잘 파악한 엄마의 작은 아이디어가 아이를 특별하게 키우는 것 아닐까? 엄마는 PD가 되어야 한다. 그 정성의 별별 창의성이 내 아이를 성장시키고, 엄마를 지치지 않는 육아 PD로 살아가게 할 것이다.

Point
특별한 아이로 키우는 방법은 멀리 있지 않다.

부모를 빼닮으니
더 두렵다

"그냥 둬라. 제 아빠도 얼마나 꼼꼼한지 뭐 하나 시작하면 그냥 넘어가지를 못했어."

원하는 일에 몰입하면 앞뒤 보지 않고 빠져드는 첫째 아이를 나무랄 때 곁에 계신 시어머니께서 늘 하시던 말씀이다.

"에휴, 제 엄마 어렸을 때도 지고는 못 사는 성격이더니만, 네가 꼭 네 엄마를 닮았구나."

기대치를 못 채우면 무척이나 속상해하는 둘째 아이의 남다른 경쟁심을 두고 친정엄마는 늘 이렇게 되풀이하셨다.

부모를 쏙 빼닮으니 말, 행동, 그 무엇 하나 조심스러울 수밖에 없는 것이 부모 노릇이다. 아이를 야단치다 말고 웃음이 날 때가 있다.

어찌 그리 나의 어린 시절을 그대로 닮았는지 야단을 치다 말고 그 상황이 너무 이해가 가서 돌아서서 혼자 피식 웃기도 했다.

성격은 타고나는 것인가? 환경으로 만들어지는 것인가? 많은 학자들이 연구를 해왔다. 아이가 배 속에 들어있을 때 유난히 심하게 움직이는 아기도 있고 얌전한 아기도 있다. 배 속에서부터 보여주는 신비한 생명의 다른 기질은 성격일까? 다시 만들어질까?

흔히 성격이 운명을 바꾼다고 말하는 사람들도 있다. 기질 연구에 평생을 바친 제롬 케이건Jerome Kagan은 생물학적 기질은 다 큰 어른이 되어서도 삶에 영향을 준다고 했다. 환경보다 생물학적 요인이 더 영향이 크다고 본 그는 태어난 지 하루밖에 안 된 아기들도 기질적 차이를 보인다고 했다. 1962년 하워드 모스Howard Moss와 공동 집필한 《출생과 성숙Birth to Maturity》이라는 책에서도 생애 초기 2년간의 삶이 자기의식이나 기억, 도덕성의 형성에 중요한 역할을 하지만, 생물학적 기질을 무시할 수 없다고 강조했다.

학자에 따라 종종 다른 견해를 내비치기도 하지만, 나는 제롬 케이건의 이야기에 조금 더 힘을 싣고 싶다. 아무리 똑같은 환경을 제공해 준다고 해도 아이는 기질에 따라 다른 영향을 받는다는 생각 말이다.

따로 태어난 형제자매가 아닌 쌍둥이라면 배 속의 환경부터 같았을 테니 이 주장이 좀 더 설득력 있지 않을까? 후배가 쌍둥이 딸을 낳았다. 근무시간이 불규칙한 워킹맘이다 보니 아이를 돌볼 수 없어서 부모님들이 나서 주셨다. 평소 얌전한 기질로 독서를 즐기는 전형적인 내성형의 친정 엄마가 서울에 사시는데 한 아이를 맡아 주셨고, 적극적이고 대인관계가 매우 좋은 호탕형의 시어머니가 경남으로 한 아이를 데려가 주셨다.

한 달에 몇 번씩 아이들을 보고 오는 고단한 일상이 이어졌다. 그런데 참 희한하게 자신의 배 속으로 한날한시에 낳은 두 아이가 갈 때마다 달라지고 있었다고 했다. 1년 뒤 그 후배는 깜짝 놀랐다고 전했다. 말투부터 성격, 엄마를 대하는 태도 등이 모두 달랐다며 신기하다고 웃었다. 각자가 가진 기질 탓인지 맡아주신 부모님의 성향 때문인지 지역 정서에 따른 환경 때문인지 도무지 종잡을 수 없었지만, 자꾸 달라지는 두 아이를 그냥 둘 수 없어 두 돌이 지나고 결국 베이비시터를 구해 두 아이를 집으로 데려왔다. 세 살이 되어 똑같은 환경에 모인 두 아이가 어떻게 자라고 있는지 문득 궁금했다. 지금은 부모가 한 공간 아래서 아이를 키우고 있는데 똑같이 노력해도 아이들은 너무 다르다고 대답하며, 기질이 영향을 더 미칠 거라는 나의 생각을 뒷받침해 주었다.

물론 환경으로 기질을 다스릴 수는 있다고 본다. 그러나 사람을 확 바꿀 수는 없지 않을까? 기질을 다스리고 억제하고 키우며 조율할 수는 있으나, 생물학적인 기질이 완전히 버려지지는 않는다고 본다. 하지만 안 좋은 기질을 다스리고 좋은 기질을 키워내는 건 유년 시절 부모가 할 수 있는 최선의 교육이다. 그래서 10살 이전의 성장

환경을 중요하게 강조하는 교육학자들을 보면 나는 공감의 박수를 보낸다. 유년기의 환경적 요인은 인생에 90%의 영향을 미친다고 생각한다.

우리 아이들은 운동을 못한다. 제 아빠도 운동에 별다른 취미가 없으니 남들은 아빠 따라 산이며 야구장이며 즐기는 일이 많다는데 그러지 못했던 것이 안타깝다. 미국에 있을 때는 주말이면 골프, 테니스 등 온종일 운동 프로그램으로 전력 질주했지만 시키니까 억지로 하는 느낌이 들었다. 오히려 운동이 끝나고 집에 오면 어느 구석이라도 달려가 뭔가를 만들고 책 읽기를 더 좋아했다. 그것도 기질이라면 기질이랄까?

물론 억지로 운동장으로 산으로 달렸다면 지금보다는 한결 나은 체력과 운동감각을 가지고 있겠지만, 그렇다고 해도 생물학적으로 운동에 대한 유전자가 뛰어나지 않아 탁월한 실력은 없었을 것이라고 본다. 운동을 스스로 즐기도록 만들어주지 못한 것에 대해서는 지금도 후회가 밀려오지만 원치 않는 일이라서 어쩔 수 없었다는 궁색한 변명을 하기도 한다.

밖에 나가 뛰고 달리고 공을 차며 운동을 즐기는 대신 쉼 없이 자동차의 줄을 세우고, 공룡의 이름을 외우고, 낮잠을 자고 일어난 엄마를 놀라게 할 작전전개도를 그리고, 은박지 접시와 동전으로 무게중심을 맞춘 비행선을 만들고, 박물관이나 전시장에 가면 3~4시간은 기본으로 관람하는 등 타고난 기질이 그러하니 운동하라는 이야기를 잊고 살았는지도 모른다.

생일날이 되면 아이들은 아침에 일어나자마자 우리에게 큰 절을 한다. 내가 만든 새로운 우리 집 법이다.

"생일날 제일 고생한 사람은 엄마와 아빠야. 너 낳느라고 정말 애썼거든."

아이들은 넙죽 절하며 고마움을 표현한다. 나와 닮은 유전자로 태어나 준 아이들에게 받는 절은 참으로 묘하다. 만족스럽지 못한 아이의 모습이 보일 때면 그 유쾌했던 동질감의 하루로 돌아가보자. 아이들이 태어난 그날, 붕어빵이라며 애써 무엇인가 공통점을 발견하려고 고개 갸웃거리던 그때로 돌아가보자.

Point
타고난 기질을 잘 파악해야 아이의 가능성을 키울 수 있다.

선생님의 마음을
활짝 여는 마법

새 학기가 시작되면 엄마들의 고민이 시작된다. 빨리 해결해야 할 숙제를 만난 듯 생각에 빠지게 되는데 워킹맘들에게는 학부모 상담을 위해 시간을 빼는 것도 쉽지 않다. 빈손으로 가는 것은 예의가 아닌 것 같아 나름대로 새로운 인사 방식을 선택했다. 작은 꽃바구니를 준비하여 리본에 'ㅇㅇㅇ 선생님께'가 아니라 '1학년 9반 친구들, 파이팅!' 이렇게 모든 아이들을 위한 응원의 메시지를 적었다.

그리고 꽃바구니 안에 선생님께 드리는 손편지 한 통을 준비했다. 우스갯소리로 제일 받기 싫은 선물 1순위가 손편지라는데, 선생님께 드리는 부모의 손편지는 분명히 각별하다는 게 나의 확고한 생각이다. 초등 시절을 떠올리며 2장의 편지지를 연필로 채웠다. 내 아이에 대한 이해를 부탁하는 편지가 아니라 초등 시절 담임선생님에 대한 기억을 담았다.

"아직 지구가 자신을 중심으로 돈다고 믿는 철부지입니다. 이런 아이를 맡기며 저의 어린 시절을 떠올려 보네요. 초등학교 1학년, 빨간색 투피스를 입으셨던 김갑선 선생님은 아직도 제 기억에 인자한 모습으로 남아 있습니다……"

이렇게 시작된 편지에는 교사가 아니라 '나의 존경했던 선생님들 이야기'가 가득했다. 엄마의 존경하는 선생님 이야기를 통해 아이의 선생님이 교사로서의 자긍심을 무한히 느끼시길 바랐다. 꽃은 아이들을 향한 것이며, 편지는 선생님에 대한 존경의 마음이니 부담 없이 꽃바구니를 교실에 놓아주셨다. 그렇게 시작한 새 학기 첫날의 꽃바구니 보내기 인사는 특별하고 사심 없는(?) 편지와 함께 좋은 반응으로 돌아왔다. 선생님들은 번번이 답장을 주셨다.

새 학기 학부모상담이 고민이라면 편지부터 한 통 써보기를 나는 적극 추천한다. 엄마의 존경심을 받게 되면 선생님의 마음이 더욱 그윽해질 것이다. 존경을 보내는 학부모를 외면할 선생님은 없다. 3월의 꽃과 편지를 선생님은 더 반갑게 기다리실 것이다. 아무리 각박한 세상이라고 해도 진심은 결국 통한다.

살면서 가장 긴장했던 때가 언제였던가. 대통령 선거로 세상이 시끌시끌하던 그해 대통령 예비 후보들의 부인들을 모두 섭외했다. 거

물급 인사들의 인터뷰라서 따라오는 보좌진들만 해도 10명이 훌쩍 넘었다. 비록 후보이기는 해도 그중 누군가는 영부인이 될 게 아닌가. 큰 특집이다 보니 방송국 전체가 신경을 쓰고 긴장감까지 맴돌았다.

질문을 만들고 준비를 철저히 했지만 생방송답게 애드리브를 섞어 부담 없고 즐거운 방송을 만들어야 한다. 편하게 하자, 편하게 하자 생각은 하면서도 담당 PD로서 또 진행자로서 1인 2역을 맡은 나의 긴장감이 극에 달했다. 살면서 최고의 긴장감이라고 느끼는 순간, 시어머니를 처음 만났던 때가 떠올랐다.

시어머니가 되실 분 앞에서 차를 마시는데 꼴깍 하는 소리가 귀에 울려왔다. 말 한마디 한마디를 어떤 단어로 어떻게 대답해야 할지 긴장감이 엄청난 부담으로 다가왔다. 그런데 이 일들을 모두 능가하는 최고의 긴장감을 그 후에 만났다.

첫째 아이가 초등학교에 입학 후 아이의 담임선생님과 처음으로 마주하던 첫 학부모 상담하던 날이었다. 그 경험은 모든 일을 압도하는 최고의 떨림이었다.

자식을 맡겨두고 선생님을 만나는 일이란 무척이나 긴장되는 일이었다. 긴장감 속에서도 실수하지 않고 예비 영부인들의 인터뷰도 잘 넘겼던 내가, 시어머니와의 첫 만남에서도 무리 없이 상황을 잘 넘겼던 내가 아이의 담임선생님 앞에서 완전히 떨고 있다.

내 아이의 담임선생님을 마주하고는 입이 바짝바짝 마르게 타들어가고 있다. 말실수 하나가 우리 아이를 제대로 보지 못하게 만들고, 엄마의 무례한 행동 하나가 아이의 학교생활에 영향을 미치게 될 것 같았다. 선생님은 떨고 있는 새내기 학부모의 긴장을 풀어주기 위해 애쓰셨고, 나는 한마디 한마디를 제대로 듣기 위해 신경을 썼다. 두서없이 몇 마디를 대답하고 나오면서 나는 금세 후회했다. 하지만 경험 많은 선생님들은 초짜 엄마의 그 긴장감을 충분히 이해하리라.

학교와 가정, 교사와 학부모로 이어지는 관계는 아이로 인해 새롭게 마주치게 되는 세상들이다. 겪어보지 못한 채 '카더라' 통신이 전해주는 헛소문만 믿고 잘못 처신하여 아이의 학교생활을 힘들게 만드는 부모들을 여럿 보았다. 어떤 꿍꿍이를 가지고 상대를 대하는 것이 아니라면 순수한 마음으로 서로를 믿겠다는 협력의 시선이 절대적이다. 섣불리 한쪽 입장에서만 판단하다가는 객관성을 쉽게 잃어버린다. 부모가 되면 객관적인 기다림을 가져야 할 세상이 많다. 그렇게 부모가 되어 간다.

Point
진심으로 다가가면 선생님 마음이 활짝 열리는 마술을 경험하게 된다.

아이 인생의 주인은
엄마가 아니다

TV에서 고3이 나오는 다큐멘터리를 했다. 아이들의 진로와 친구 고민 등 진솔한 이야기가 이어지는데 한 여학생이 담당 PD에게 말했다.

"이렇게 오래 어른이랑 얘기해본 적이 없어요. 항상 저는 들어야 했거든요. 말해보라고 해놓고 결국은 우리가 들어야 하는 거죠. 그런데 이렇게 오래 들어주셔서 정말 고맙습니다."

여학생은 울먹였다. 엄마인 나도 눈물이 핑 돌았다. 아이들은 정작 자신의 인생에서 주인공으로 살지 못하고 있는 게 아닌가 하는 생각에 반성하게 된다.

아이를 오롯이 하나만 키우는 엄마들 중에는 아이들이 멀리 떨어진 고등학교에 입학하면 아예 기숙사 근처로 이사를 가는 경우도 더러 있다. 아이가 멀리 대학을 가면, 아예 짐 싸들고 그 지역으로 이사 가는 엄마도 여럿 보았다. 아이 인생의 주인공 자리에 버젓이 부모가 먼저 앉아 있다. 네가 좋아하는 일을 네가 판단해서 네가 하고 싶은 대로 살라고 번지르르하게 조언하지만, 결국 독립하지 못하고 아이 곁을 맴돌며 오히려 아이를 버팀목으로 살아가곤 한다. 독립할 기회조차 주지 않고 자립을 방해하면서도 아이들이 독립하지 못한다고 스스로 괴로워한다.

초등학교 입학 후 아이는 매일 그림일기를 써서 학교에 냈다.

오늘은 아빠랑 엄마랑 동생이랑 피자가게에 갔다. 그래서 신났다. 피자와 햄버거는 자주 못 먹는다. 엄마가 안 좋다고 잘 안 사주신다. 나는 콜라를 못 먹어서 동생이랑 코를 막고 먹었는데 어느새 콜라를 꿀꺽 먹게 됐다. 나쁜 음식도 자꾸 먹으면 습관이 되는 것 같다.

그러면 나는 아이의 일기에 코멘트를 한 줄씩 썼다.

그랬구나. 콜라한테 지지 말고 네가 이기렴. 안 먹으면 이기는 거야.

그랬더니 그날 일기 검사를 하신 담임선생님께서 그 밑에 또 한 줄을 다셨다.

선생님도 어린 시절에 단 음료 많이 먹고 이가 썩어서 혼났는데, 잘 판단하겠지?

아이의 그림 일기장이 아이와 엄마와 선생님의 소통창구가 되었다. 아이는 매일 그림일기를 썼고, 그 밑에 나의 마음을 달아주었고, 또 그 아래에 선생님의 마음이 달렸다. 자신의 글에 관심을 보이는 어른들의 글이 재미있었던지 아이는 이 소통창구를 즐겼다. 자신의 생각에 공감해주고 응원해주는 어른들의 글이 아이에게는 기분 좋은 일이 되었다. 어느 날은 바빠서 아무 글도 달아주지 않으면 왜 없냐고 묻기도 했으니 말이다.

소통의 기본은 아이의 생각을 읽어주고 들어주고 스스로 판단하게 해주는 것이다. 동시에 자신의 생각을 드러낼 줄 알고, 다른 이의 생각을 들을 줄 아는 능력은 인생의 주인공으로 살아가기 위한 가장 중요한 토대이다. 우리는 일기장을 통해 아이의 이야기를 들어준 어른이었던 것이다.

간혹 공부하라는 잔소리를 하면서 "다 너를 위한 거야"라고 말하는 어른들이 있다. 가끔 아이의 100점 시험지가 아이를 위한 것인지, 엄마의 자존심을 위한 것인지 헷갈리기도 한다.

아이들이 본격적으로 살아갈 자신의 인생은 앞으로 10~15년 뒤이다. 부모가 아이의 눈높이에서 조언을 해주려면 20년 전으로 돌아가야 한다. 이 기간을 서로 합하면 30~40년의 차이가 난다. 하루가 다르게 급변하는 세상에 이렇게 큰 간극을 두고 아이들의 인생에 조 언을 한다는 것은 얼마나 두려운 일인가. 경험해보지 못한 아이들의 세상을 어떻게 나의 경험치로 판단하여 어떤 직업이 좋고 나쁨을 이 야기할 것인가.

《사피엔스Sapiens》의 작가 유발 하라리Yuval Harari는 기성세대에게 절대로 젊은이들에게 조언하지 말라고 했다. 자신의 지난 경험만을 토대로 달라진 젊은이들에게 섣불리 충고하는 것은 위험하다고 했 다. 나는 이 이야기에 전적으로 동의했다. 가르치기 전에 먼저 들어 주려는 자세가 오히려 아이들의 마음을 더 활짝 열게 한다.

언젠가 부모교육 토크쇼에 의사들과 함께 참여한 적이 있다. 아직 은 진로 고민이 없을 것 같은 초등생 엄마들이었는데도 질문이 쏟아 졌다. 한 엄마가 손을 들고 질문했다.

"아무리 세상이 변했다고 해도 의대에 보내는 게 현실적으로 좋지 않을까요? 어떻게 보세요?"

한 의사가 마이크를 들고 이렇게 대답했다.

"저는 서울대 의대를 졸업했습니다. 주위의 부러움도 많이 샀고, 저희 부모님도 매우 기뻐하셨습니다. 저 역시 서울대 의대에 합격하 고 행복했던 게 사실입니다. 그때는 특히 그랬어요. 제 와이프도 의 사입니다. 제 나이가 이제 40대 중반이 넘어가는데요, 저희 부부에 게는 대학생 아들이 하나 있습니다. 공부를 잘했을까요? 네, 다행히 제 엄마, 아빠가 공부를 좀 해서인지 아이도 공부를 아주 잘했습니다. 다행이죠?"

엄마들은 소리 내어 웃었다. 아들도 당연히 의대생이리라는 확신이 드는 순간, 이어진 멘트가 장내를 조용하게 만들었다.

"그런데 저희는 하나뿐인 아들을 의대에 보내지 않았습니다. 이것이 제가 드릴 수 있는, 여러분의 질문에 대한 저의 답변입니다."

장내가 조용해졌다. 그 의사가 본 미래는 달랐던 것일까? 판단은 각자의 몫이다. 4차 산업혁명의 시대에 아이들의 미래는 어떻게 펼쳐질까? 어떤 길이 성공의 길일까? 그 누구도 정답을 섣불리 단언할 수 없다. 좋아하는 일을 스스로 선택할 수 있도록 기회를 열어주는 것만이 정답일 것이다. 자녀의 진로에 대해 조언하고 싶다면 달라진 세상을 여러 각도로 훑어보는 깊은 공부를 먼저 하자. 낡은 경험에 의한 판단이 아니라 세상의 변화를 제대로 읽어내는 다양한 시선의 공부가 필요하다.

Point
직업을 종용하지만 말고 꿈을 안내하는 부모가 되자.

아이의 꿈을
현실로 바꾸는 방법

서울에서 인기를 끌었던 아이들이 직업을 체험하는 센터가 부산에 문을 열자 부모의 손을 잡고 많은 아이들이 모여들었다. 법조인의 판사봉을 든 아이의 사진, 의사 가운을 입은 아이의 사진, 경찰관의 모자를 쓴 아이의 사진 등이 SNS에 등장을 했다. 이 다양한 세상에 내 아이에게 어떤 꿈을 가지라고 할 것인가? 아직 가능성이 있고 꿈을 품을 수 있는 시간에 이런 고민은 행복하다.

그러나 유년기를 지난 아이가 학령기가 되고, 중고생이 되어 대학에 갈 나이가 되면 꿈은커녕 어떤 직업을 가져야 밥을 먹고살 수 있을까를 궁리하게 된다. 아이의 가능성을 기다려주는 의미 있는 기다림은 사라지고 그저 눈앞의 직업이 더 고민이 되는 현실이 시작된다. 꿈도 좋지만 꿈 타령만 하다가 마흔이 되어서도 부모 곁에 안주하는 중년들을 이제는 어렵지 않게 마주칠 수 있다. 그렇다면 허무맹랑한 '꿈'을 놓아버리고 필요에 의한 '직업'에 탐닉하라고 충고해야 할까? 그건 너무 아프다. 그래서 진로 이야기는 힘들고 고달프다.

과학자가 되겠다는 아이의 단호한 의지에 주위에서는 차라리 의대를 가는 게 낫다는 말을 매우 자주 들어야 했다. 그래도 의대는 밥은 먹고살 수 있는 전문직이라면서 말이다. 과학의 길에 미래를 건 첫째 아이와 자주 이야기를 나눈다. '의대에 가고 싶은 순간은 없었어? 정말 물리학이 하고 싶었어? 다가오지 않은 미래가 두렵기도 하지? 의대에 갔다면 한결 수월했을까?' 등 정답도 없는 문제를 자주 나눈다.

아이가 성장할수록 걱정의 무게도 달라진다. 지금 와서 돌아보니 꿈을 응원하며 기다리는 일이 무엇보다 힘들었던 것 같다. 그러나 그 기다림이 가능했던 건, 골라준 것이 아니라 아이 스스로 마음에 품은 꿈이 있었기 때문이었다.

첫째 아이가 중학생이었을 때다. 아이의 교복을 세탁하려고 주머니를 뒤지는데 뭔가 손에 걸렸다. 꺼내 보니 하늘색 별모양 액자였다. 손에 꼭 잡히게 작은 액자 안에 들어 있는 사진을 유심히 살피니 노벨Nobel이다. 뭔가 물으니 부끄러운 얼굴로 설명을 붙인다.

"친구하고 비행기 일등석 타고 노벨상 받으러 가자고 약속했어요."

지금도 이 액자는 우리 집 책장 위에 당당히 놓여 있다. 이 작은 액자를 볼 때마다 아이는 웃는다. 아인슈타인의 상대성이론을 보고 어설픈 자신의 이론을 만들었던 철없는 시절의 꿈이었다고 말이다.

"아유, 그땐 정말 너무 어려서 잘 몰랐던 거 같아요. 그게 얼마나 어려운 일인지 모르고 말이에요."

아무리 허무맹랑하더라도 그저 상상이 아니라 현실 속 주머니에서 롤모델로 남아 준 노벨이 있어 아이의 미래는 한결 힘을 얻었으리라고 믿는다.

▶ 아이의 주머니에 들어 있던 노벨 액자

정말 갖고 싶은 물건이 있어서 저축을 하는 것과 그냥 돈을 모으는 것은 다르다. 목표 금액이 있고 반드시 원하는 물건이 있다면 그냥 돈을 써버리고 싶은 욕구를 기꺼이 참아내게 할 것이다. 꿈이 있고 목표가 있다는 건 원동력을 갖게 하는 일이다. 성취가 어려운 상상 속의 기대라 할지라도 그저 꿈으로만 간직하는 것보다 현실적인 상황으로 바꾸어 작게라도 이뤄볼 수 있게 하는 경험은 매우 소중하다.

애니메이션 감독이 꿈인 둘째 아이와 나는 작품성 있다고 소문난 애니메이션은 빼놓지 않고 보러 다녔다. 어떨 때는 관객이 단둘이어서 극장에 미안할 지경이었다. 피곤에 지쳐 꾸벅꾸벅 졸면서도 재미있어 하는 아이의 모습에 피곤을 잊었고, 내용이 지루해 하품을 하다가도 화면으로 빨려 들어갈 듯한 아이를 지켜보는 건 또 다른 행복이었다.

서울의 만화 행사도 놓치지 않았다. 그곳에서 우연히 알게 된 유명한 애니메이션 감독님께 아이가 편지를 보냈는데 기대하지 못했던 반가운 답장을 받게 됐다. 답장은 아이의 꿈에 큰 동기를 만들어주었다. 애니메이션 감독이 되겠다는 각오를 다지게 해주었던 것이다. 특히나 답장 마지막에 '미래의 애니메이션 감독에게 ○○ 감독이'라고 써준 한 문장을 두고 아이는 환호성을 질렀다. 이렇게 별것 아닌 것 같지만 현실적으로 확인할 수 있는 일들을 만나는 것은 아이들의 꿈에 큰 동기가 된다.

올림픽 마라톤 금메달리스트가 되는 것이 꿈이라면 마음에만 품을 것이 아니라 학교 운동회든 동네 대회라도 나가서 작은 메달 하나를 목에 건다면 상상의 꿈을 이루는 첫 단추가 될 것이다. 세계를 아우르는 패션디자이너가 꿈이라면 집에서 키우는 애완견의 옷을 여러 벌 디자인하게 해보자. 한국을 대표하는 요리사가 꿈인 아이에게 종종 특식을 만들 수 있도록 주방을 내어준다면? 아니, 시장 가는 길에 재료도 가끔 사다 준다면 어떨까?

상상을 상상으로 끝낼 것이 아니라 현실로 성취하도록 적극적으로 도전할 기회를 만들어주자. 세계적인 동시통역사가 꿈인 아이가 매일 영어와 관련된 활동을 꾸준히 해서 제2의 언어를 모국어처럼 구사하게 되거나, 각종 영어 캠프나 대회에 적극적으로 나가 성취해보는 것은 결국 자신의 꿈을 현실화시키는 구체적인 활동이 될 것이다. 이런 일들은 사소한 것이어도 좋다. 실행의 기회를 체험하는 것이 소중한 것이다.

세상을 '누구처럼' 살 수는 없다. '누구 같은' 사람도 세상에는 존재하지 않는다. 우리는 각자 '누구처럼'이 아닌 '자신으로' 살아가는 것이다. '1등처럼'도 아니고 '친구처럼'도 우리의 목표는 아니다. 아이의 꿈을 '아이만의 방식'으로 이루도록 밀어주는 것이다. '누구'가 아니라 '어제의 나'와 경쟁하며 발전하도록 응원해주자. 가장 소중한 능력은 자신 속에 살아 있음을 깨우치도록 믿어주자.

아이를 키우며 얼마나 많은 고민을 마주하던가. 누구는 아기의 머리를 바닥에 닿도록 재워야 안정감이 있어 좋다 하고, 누구는 엎어서 재워야 심장이 튼튼해져서 좋다고 했다. 누구는 매를 아끼면 아이를 망친다고 하고 누구는 매를 들면 감옥에 간다고 했다. 누구는 아이와 함께 자는 게 좋다고 하고 누구는 따로 재우는 게 낫다고 했다. 문제마다 '누구처럼' 정답을 찾을 수는 없다.

괴짜 경제학자 스티븐 래빗 Steven Levitt은 육아법만큼 유행이 빨리 바뀌면서 전문가들의 견해가 부딪히는 분야도 드물다고 했다. '이게 맞다, 저게 맞다' 식의 불안 마케팅이 온갖 상술로 부모들을 헷갈리게 하며 육아시장을 기형으로 키운다고 비난했다.

깊이 귀 기울여 참고는 하되 휘둘리지 말자. '누구처럼'이 아닌 '자신으로' 살아가도록 각자의 가능성이 실현되도록 길을 열어주자. 꿈은 그렇게 현실로 태어난다.

Point
'누구처럼' 살 수 있는 인생은 어디에도 없다.

곧 곁을 떠날 아이들

미국에서도 수재들만 다닌다는 과학고에 다니면서 하버드와 스탠포드 대학에서 동시에 러브콜을 받고, 페이스북 CEO 마크 저커버그[Mark Zuckerberg]에게 개인적으로 전화까지 받았다는 한국인 천재 소녀 이야기가 인터넷을 달군 적이 있다. 모두가 찬사를 보내며 부러움을 금치 못할 때 나는 문득 여학생의 부모가 궁금했었다. 어떻게 아이를 키웠기에 이렇게 뛰어나게 성장했을까 부러웠다.

그런데 며칠 뒤, 천재 소녀의 기사가 거짓이었다는 사실이 폭로되었다. 합격증이 위조라고 밝힌 해당 대학의 발표에서부터 사건 전부터 거짓말로 진실을 조작했다는 지인들의 고발까지 소녀의 허위극이었다는 사실로 뉴스가 채워졌다. 브로커가 조작한 희대의 입시 사기극이었으며 부모의 과잉기대가 빚어낸 아픔이라고 했다. 진실은 무엇이었을까.

뭇사람들의 입방아에 오르내리며 사태의 진실을 파악하게 된 한국인 소녀의 아버지는 사회적 물의를 일으킨 것에 공개 사과를 하고 부모의 잘못에 책임을 통감했다. 앞으로 아이를 잘 치료하고 돌보는데 마음을 쏟으며 조용히 살겠다고 했다. 소녀의 아빠는 10대 딸아이의 앞날을 위해 더 이상 뉴스가 보도되지 않기를 바란다는 절절한 심정을 쏟아내며 뉴스는 해프닝으로 끝났다.

'오죽했으면 그랬을까'라는 단순한 생각으로 끝낼 수 없는 뉴스였다. 과연 누구의 잘못인가? 자녀교육이라면 물불 가리지 않는, 특히 교육열이 뛰어나다는 한국 부모의 잘못이었을까? 뻔뻔하게 사기극을 펼쳐간 딸아이의 잘못이었을까?

안타까운 건 이런 뉴스들이 끊이지 않고 등장한다는 것이다. 어떤 탐욕과 스트레스가 아이들을 이렇게 만신창이 거짓말쟁이로 만들게 되었을까? 이 뉴스는 부모인 나를 뼈아프게 반성토록 했다.

방송인으로 살아가면서 나는 아이들을 키웠다. 세상 변화의 흐름에 민감한 직업 특성상 다양한 교육전문가를 만날 기회도 많았다. 그러다 보니 엉성하게나마 '부모 철학'이란 걸 갖게 되었다. '한걸음 뒤에서 보기, 어설프게 참견하지 않기, 그러나 관심의 추는 항상 곧게 세워두기' 등 힘겹지만 지켜내야 할 이야기들이 하나씩 늘어났고 어설퍼도 공들이며 노력했다. 아이는 우리 품으로 왔다가 곧 품을 떠나 제 둥지를 틀어간다. 얼기설기 완벽하지 않은 둥지를 짓는 아이를 한걸음 뒤에서 바라보는 일은 보는 내내 아슬아슬하고 긴장된 경험이다.

첫째 아이가 과학고 입학 후 기숙사로 떠났다. 집을 떠나 다른 곳에서 잠을 잔다는 건 가족에게 여러 가지 변화를 주었다. 4인 식탁의 한 자리가 빈다는 것, 둘씩 편을 먹고 진행하던 말놀이를 더 이상 이어가기 힘들어졌다는 것, 오롯이 둘째에게 쏠린 시선 때문에 부담스럽다는 둘째의 불평이 늘었다는 것 (언제는 부족하다더니 말이다), 텅 빈 한쪽 책상을 마음 시리게 바라봐야 한다는 것, 맛있는 것을 먹을 때마다 마음이 편치 않다는 것.

무엇보다도 큰 변화는 현관문이었다. 첫째 아이가 기숙사로 떠난 이후 현관문의 걸쇠를 잠그지 않고 2년을 보냈다. 걸쇠를 걸면 '턱' 하는 소리가 나는데 그 소리가 가슴을 쳤다. 아무도 못 들어온다는 협박성 경고처럼 소리가 거슬렸다. 집 나간 아이를 격리시키는 것 같은 마음이 들었다. 말도 안 되는 생각을 한다고 해도 할 수 없다. 적어도 내 마음은 그랬다. 그래서 걸쇠를 걸지 않기 시작했다. 남편도 둘째 아이도 그런 내 마음을 이해했는지 별스럽다고 성화를 대거나 채근 없이 동조해주었다.

걸쇠를 걸지 않고 지낸 2년 후, 이번에는 대입과 고입으로 두 아이가 모두 기숙사로 떠났다. 두 아이가 밖에 나가 잠을 잔다는 건, 상상 이상의 허전함을 가져왔다. 이제 식탁에는 둘만 남았다는 것, 외식을 해도 별스런 맛이 없다는 것, 아이들 방의 두 책상이 모두 썰렁하게 비었다는 것, 운전하고 가다가 거리에서 또래 학생들을 보면 괜하게 콧등이 시큰해진다는 것, 별식을 자주 만들지 않게 되었다는 것, 10kg 쌀이 먹어도 먹어도 쉽게 비어지지 않는다는 것 등의 이유로 마음이 먹먹하고 아릿하고 아팠다. 모두가 그리움이었다. 둘째 아이가 고등학교 기숙사로 떠나기 전날 밤 드디어 내게 말했다.

"엄마, 이제 우리 둘 다 기숙사로 가니까 이제는 걸쇠 잠그고 편하게 주무세요!"

고개를 끄덕였지만 나는 여전히 걸쇠를 걸어둘 마음이 없었다.

으슥한 밤, 외출한 자식이 언제 올지 몰라 밤새 사립문을 열어두고 방 안에 불 밝히고 있던 그 옛날 어머니들의 마음을 이제야 어렴풋이나마 짐작한다. 대학 시절, 도서관에서 늦는 날이면 현관이며 거실까지 환하게 불 밝혀 두고 지하철역까지 나와 밤 12시가 넘도록 서성이시던 친정 엄마의 마음을 이제야 알 것 같다.

세상에는 '이유 없는 절대적 사랑'이 존재한다는 것을 부모가 되어서야 깨우쳐 갔다. 자식은 어미에게 숨 같은 존재다. 자식이 있어 사는 어미가 무엇을 바라겠는가. 아이들은 곁을 지켜주며 늘 제 편이 되어주는 부모 옆에서 안락한 성장을 거듭할 수 있다.

'엄마'의 이름으로 오늘 우리를 불러주는 아이에게 감사하자. 온전히 자신의 이름으로 원하는 미래를 갖도록 도와주자. 두려울 것 없는 경쟁력을 갖춰 오롯이 설 수 있도록 끌어주자.

아이들의 미래는 참으로 빨리 온다. 재잘거리는 수다를 받아주고 짜증을 받아주고 분노를 안아주고 웃음을 안아주던 일은 속절없이 빨리 사라진다. 곧 곁을 떠날 아이들이 지금 우리 옆에 있다. 그리움은 꽁꽁 묻어둔 채 '엄마'의 이름으로 아이를 격려하자. 얼마나 설레는가! 나를 살게 하는 숨 같은 존재, 아이의 소중한 '엄마'로 사는 일이 말이다.

Point
네가 있어서 엄마가 된 나, 얼마나 행복한지!

아이가 공부에 빠져드는 순간

1판 1쇄 발행 2021년 11월 22일
1판 3쇄 발행 2022년 1월 6일

지은이 유정임
발행인 오영진 김진갑
발행처 (주)심야책방

책임편집 박수진
기획편집 박민희 진송이 박은화
디자인팀 안윤민 김현주
마케팅 박시현 박준서 김예은 조성은
경영지원 이혜선 임지우

출판등록 2006년 1월 11일 제313-2006-15호
주소 서울시 마포구 월드컵북로5가길 12 서교빌딩 2층
전화 02-332-3310 팩스 02-332-7741
블로그 blog.naver.com/midnightbookstore
페이스북 www.facebook.com/tornadobook

ISBN 979-11-5873-220-2 03370